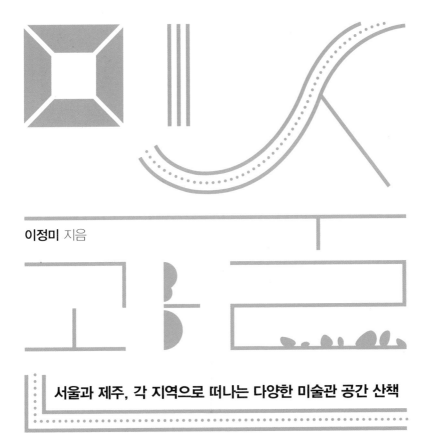

이정미 지음

서울과 제주, 각 지역으로 떠나는 다양한 미술관 공간 산책

미술관 건축여행

도서출판대가

머리말

　3년 전 연초록이 짙어져 가고 있는 봄날, 교류가 뜸했던 옛 친구들 10여 명이 모여 전시도 볼 겸 한남동 〈리움미술관〉에 방문했다. 세계적으로 유명한 건축가들의 건축이 이례적으로 모여 있는 곳이기도 해서 입구에서부터 한껏 부푼 기대감을 안고 렘 콜하스의 블랙박스와 그 공간에 전시된 설치미술 작품들을 감상했다. 전시를 보면서 친구들에게 설치미술은 오감으로 느끼기를 원하는 작가의 의도가 있다는 얘기를 했고, 블랙박스를 설계한 건축가의 설계의도를 전했던 것이 이 글을 쓰게 된 동기가 되었다. 즐거워하며 설치 공간을 즐기는 친구들의 반응이 평소 생각하고 있던 바와 잘 맞아, 이런 반응이라면 예술품 감상을 돕는 도슨트Docent처럼 공간을 설명하는 도슨트가 되는 글이 의미가 있을 것이라는 생각을 하게 된 것이다. 이렇게 시작된 계기가 우연한 기회에 경제전문지 〈이코노미21〉에 '힐링 뮤지엄 로드'라는 이름의 칼럼으로 연재되었고, 현대해상의 사보 〈한우리〉와 디자인 전문지 〈공공디자인 저널〉의 '컨텐츠' 건축칼럼에도 싣게 되었다.

　　다시한번 이 글들을 정리하여 한권으로 묶어 내면서 되돌아보며 생각해 보게 된다. 우리 사회가 이제는 경제적으로 여유가 생겼고, 여행을 통해 그 여유를 즐기는 사람들이 늘어나고 있으며, 기왕 여행이나 여가의 시간을 보내게 된다면 조금은 더 유익한 시간을 위해 이 책이 유용하게 사용되길 바라는 마음이다. 정보의 홍수 속에서도 여행을 떠나는 이들이 여행 목적지에 있는 미술관에 들러보길 바라는 마음으로, 이 책이 가이드가 되어 가방이나 손에 들려 있었으면 좋겠다. 그 목적이 누군가에게 실현되기를 기원을 바라며 아래와 같이 4개의 Part로 구성해 본다.

　　Part 1. 서울에서 떠나는 미술관 건축 여행

　　Part 2. 제주에서 떠나는 미술관 건축 여행

　　Part 3. 지역으로 떠나는 미술관 건축 여행

　　Part 4. 재생의 시각으로 떠나는 미술관 건축 여행

근래에 이슈가 되고 있는 20곳의 전시관을 직접 방문하여 동선에 따라 건축가의 설계의도를 관람객의 시각으로 설명과 함께 사진을 실었다.

미려한 건축물을 보거나 공간에 들어가게 되면 감탄을 짓게 된다. 좀더 나아가 그 건물에 담긴 건축가의 철학을 알고 본다면 더 많은 것이 보이고 새로운 느낌으로 다가올 것이다. 거장들의 공간들을 이해하지 못하고 자신만의 좋은 공간을 만들어 내는 것은 불가능에 가깝다. 이 책은 자신만의 철학이 있는 공간 창조에 밑거름이 될 것이다.

사람이 사용하는 공간, 인류의 역사와 함께한 건축 공간들은 무수히 많은 건축가들에 의해 다양한 의지를 가지고 지어지고 사용되어 왔다. 많은 건축가들은 의미 있는 건축물을 만들기 위해 다양한 참조를 바탕으로 한다. 또한 많은 건축가들은 여행을 통해 해답을 찾아가고 있다. 비근한 예로 일본의 세계적 건축가 안도 다다오는 대학교육을 받지 않은 건축가로 유명하다. 안도가 세계를 여행하며 역사적 건축물들을 통해 터득한 지식을 바탕으로 세계적으로 인정받으며 활동하고 있는 것은 익히 알려져 있는 사실이다.

이 책은 현대건축 답사를 통해 건축 거장들의 건축 철학과 디자인 의도를 각각의 세부적인 공간과 연결하여 해석하는 방식으로 설명하였다. 또 시대의 패러다임을 가장 앞서서 반영하는 미술관 20곳을 국내를 중심으로 선정하여 세계적으로 인정받게 된 건축가 자신만의 독특한 건축철학을 설명하고, 각 공간들에 그 철학이 어떠한 방식으로 표현되고 있는지를 상세하게 설명하였다.

서울에 있는 미술관 5곳, 제주 7곳, 경기 지역 외 4곳, 그리고 최근 국가적으로 관심이 집중되고 있는 재생을 통한 미술관 4곳을 포함했다. 필자는 이 책에서 20세기 건축이 잃어버린, 즉 인간미를 느낄 수 없는 회색의 무미건조한 환경을 극복하고 인간의 감성을 되찾을 수 있도록 하는 건축에 대한 해답을 찾아가 보려 애썼다. 또 자연과 건축이 만나는 기점을 만들어내는 건축가들의 건축 설계의도와 방식을 설명하려 노력하였다.

아무쪼록 부족한 책이나마 독자분들의 미술관 여행에 조금이나마 유익한 글이 되었으면 하는 바람이다. 마지막으로 감사드려야 할 분들이 너무 많지만 특히 이코노미21 원성연 대표님을 비롯한 관계자분들과 이 책이 세상의 빛을 볼 수 있도록 무더운 여름날 고생하며 도와주신 대가 출판사 김호석 대표님과 관계자분들, 무엇보다 동양미래대학교 건축과 교수님들과 제자들께 감사드린다. 모두 즐거운 미술관 여행이 되시기를!

2019년 연구실에서

차례

머리말

서울에서 떠나는
미술관 건축 여행 _5곳

리움미술관

막연한 기대가 감탄으로 이어지는 시간

| 렘 콜하스Rem Koolhaas · 장 누벨Jean Nouvel · 마리오 보타Mario Botta

미술관은 꼭 유명 예술가의 작품을 감상하기 위해서만 방문
하는 곳은 아니다. 필자는 방학이 되면 자주 전시장을 찾는데
지난 여름 전시장 방문 모토는 '여유 있게 친구들과 즐기기'였

'교감(Beyond and Between) 전'이 진행 중인 리움미술관 주출입구 : 렘 콜하스 설계의 아동문화센터를 좌측에 두고
처마처럼 돌출된 지붕 아래 긴 경사로를 내려가면 마리오 보타 설계의 뮤지엄 Ⅰ과 만나는 중앙홀에 진입하게 된다.

다. 느긋하게 전시 작품을 감상하고 공감하며 더불어 그 지역
만의 음식문화도 경험하겠다는 생각이었다. 치열하게 열심히
살았던 시간을 추억하며 삶의 여유와 취미를 공유할 수 있는
친구들과 만나 미술관 입구로 들어섰다.

　그곳은 10주년 기념전으로 '교감Beyond and Between'이라는 주
제의 서양 현대미술기획전이 진행되고 있는 〈리움미술관〉이
었다. 설치미술부터 경험하면서 친구들에게 설치작품이 의도
하는 바를 조심스럽게 이야기하며 감상하기 시작했다. 친구
라 하여도 어쩐지 이런 경우는 조심스럽게 이야기하게 된다.
요즈음 예술은 보는 것과 더불어 오감으로 느낄 수 있게 작업

을 하고 있으니 그것을 느껴보면 좋을 것이라고 하였다. 친구는 아주 즐거워하며 설치공간을 즐기는 듯했다.

회화관을 둘러보는 동안 늦게 시작한 박사과정 시절 '인문학과 예술 그리고 공간예술과의 관계'에 대한 발표 과제로 쩔쩔매며 접했던 프란시스 베이컨Francis Bacon의 작품을 발견했다. 큰 기대 없이 둘러보던 전시공간에서 인연이 있던 작가의 원화를 직접 만나게 되는 느낌은 특별함을 넘어 감동 그 이상이었다. 예술작품은 생각지도 못한 순간에 나의 그 무엇, 이번에는 나의 열정이 묻어나던 대학원 시절과 교감하게 하는 힘이 있다. 이것 또한 미술관을 통해 얻는 즐거움 중 하나일 것이다. 각자의 경험과 맞물려 작품이 공감된다고나 할까.

베이컨의 예술세계는 현대사회의 맥락과 연계하여 읽히기 때문에 주목받고 있는데, 그는 어린 시절 아버지를 통해 느꼈던 불편했던 경험을 인간의 폭력성과 존재적 불안감으로 표현하는 화가다. 베이컨의 회화에는 철학자 질 들뢰즈Gilles Deleuze의 내재성의 철학과 유목의 철학이 관계되어 있는데, 여기서 감각의 논리가 관계되는데, 프랑스 철학자 질 들뢰즈1925~95는 정신분석학자인 펠릭스 가타리Felix Guattari, 1930~92와 1968년 파리 8대학에서 만난 이후 '천 개의 고원' 등의 공동 저서를 남긴다. 포스트모더니즘 철학자 미셸 푸코1926-84는 "언젠가 20세기는 들뢰즈의 시대로 기억될 것"이라고 말한 바 있다.

들뢰즈는 1981년의 저서 〈감각의 논리〉에서 베이컨의 회화를 원용하면서 자신의 철학사상을 적극적으로 혼합시켜 '감각론'을 펼친다. '감각'을 사물의 속성으로 보는 전통적 감각론을 비판하면서 몸 위주, 물질 위주로 감각을 끌고 가는데, 그에게 있어 두 뇌는 신경시스템과 구분되는 것으로 본다. 그는 미학 이론을 '동물-되기', '기관 없는 신체', '얼굴 대 머리'에 대한 사유 등을 통해 예술은 감각과 힘을 그려야 한다고 말하고 있

현대인의 고립과 작가의 강박관념을 표출하며 감각에 직접적으로 호소하는 새로운 구상회화를 보여주고 있는 프랜시스 베이컨의 '방 안에 있는 인물'

다. 정신주의 문화와 그 문화에 따라 구축된 합리주의적 미학의 전복으로 볼 수 있다. 지각으로써의 미학이 아닌 말 그대로 감각으로써의 미학인 것이다. 정신과 관련된 감각이 아닌 몸과 관련된 감각을 제시한 것으로, 미학의 역사에서 가장 과격한 전환점일 수 있다. 비로서 현대 예술은 촉각 중심이 된 것이다.

영국출신 화가 베이컨1909~92의 회화는 시각적 효과가 아닌 충격이 안겨주는 촉각적 체험이 가능하다. 그는 순수한 인간의 고뇌를 주제로 인간 존재에 대한 깊은 통찰 즉, 현대의 위기의 표상이며 상실한 인간의식을 본질로 하는 것이다. 모호한 배경

처리와 인간 '형상의 고립과 왜곡'을 통해 독자적 표현을 보여주면서 내적이미지를 형상화하는 자신만의 양식을 형성하고 있는데, 인체의 이미지가 조형적으로 변형되고 해체되는 것은 내면에 존재하는 격한 감정과 폭발적인 힘, 그리고 극도의 긴장같은 겉으로 드러나는 신체의 유약한 피부 저편의 극단적인 움직임들을 표현하려는 의도의 작품으로 볼 수 있다.

이렇게 예술가의 생각과 나의 해석을 연결하며 한참을 시간 가는 줄 모르고 진지하게 작품을 관람하면서 친구들과 공유했던 감동을 좀 더 많은 사람들과 나누고 싶다는 생각이 들었다. 그리고 전시작품과 미술관 자체가 예술이 되는, 건축물이 가지고 있는 예술성을 일반인들에게 전하고 싶어졌다. 미술관을 찾을 때마다 이러한 이해는 양화된 시간이 다른 시간으로 전환되는 것을 느끼게 하는 계기가 된다. 기회가 된다면 건축에 대한 이해를 미술관 전시물과 함께 전하고 싶다는 생각을 했었는데, 이렇게 이 책을 통해 건축물과 전시물에 대한 이해를 비롯해서 전시공간 구성 의도 같은 것들을 해석해 보게 된 것이다.

강북의 가로수길이라 회자되며 이태원 '경리단 길'과 함께 문화의 한 벨트가 만들어지고 있는 한남동에 위치한 리움미술관은 설립자의 성인 'Lee-'와 미술관을 뜻하는 Museum의 '-um'을 연결한 합성어다. 삼성 리움미술관이라고도 불려지

아니쉬 카푸어Anish Kapoor의 '큰나무와 눈'이 수공간과 함께 자리하고 있는 모던 한 외부 중정에서는 주차
장 위로 높게 자리하여 3개동의 미술관과 주변경관을 한눈에 전망할 수 있다.

는 것처럼 대한민국의 현대사를 고스란히 안고 있는 대표기업이 재단이다. 2004년 세계적 건축가인 스위스 출신 마리오 보타Mario Botta, 프랑스 출신 장 누벨Jean Nouvel, 네델란드의 렘 콜하스Rem Koolhaas가 설계한 것으로, 한 부지 안에 서로 다른 성격의 복합문화공간을 완성한 것이다. 외부에서 보이는 세 개 동의 건축물을 각각의 건축가가 자신의 건축철학, 즉 세계관을 담아 설계한 것이라 볼 수 있다. 전체 흐름을 연결하는 마스터

플랜 계획은 OMA의 렘 콜하스와 삼우설계가 공동 작업으로 진행하였다. 이 프로젝트는 건축 공간의 프로그램을 만들어 가면서 설계와 공사를 동시에 진행하는 패스트 트랙fast-track 방식으로 진행된 프로젝트이다.

〈리움미술관〉은 미술관에 도착한 사람들이 미술관으로 들어가 관람하기에 앞서 자연스럽게 미술관을 한 바퀴 돌아보게 하는 구조를 가지고 있다. 대지 700평에 연면적 3,000평으로 이루어진 뮤지움 I 은 중앙에 위치한 붉은 벽돌 동이다. 이 건축물을 설계한 마리오 보타는 스위스의 자연과 전통을 담고 있는 테라코타 벽돌과 유리를 주요 재료로 사용하는 건축가로 알려져 있다. 그는 "건축에서 장소를 중요하게 생각한다. 장소는 단순히 건물이 세워지는 대지라는 의미뿐 아니라 그곳에서 살아가는 사람의 추억이나 기억을 담고 있다. 사람이 길을 찾을 때나 추억을 떠올릴 때 그곳에 있는 건물이 기억의 중심이 되기도 한다. 난 그 사실을 항상 염두에 둔다."고 말하는 인간 중심의 설계를 추구하는 건축가이다. 보타는 미술관 건축에 대해서는 "미술관은 과거에 종교 건축이 했던 역할, 즉 경건함과 숭고함을 불러일으키는 역할을 해야 한다."고 말한다. 지극히 단순한 직육면체와 우리나라 도자기의 아름다움을 형상화한 것이라고도 하는 역원추 형태는 보타 건축의

상징과도 같다. 서로 대비되면서도 단순한 볼륨의 조화를 이루는 것 또한 보타 건축의 특성이다. 요철형태의 건물 상부는 중세 성곽의 총안battlement처럼 보인다. 그 사이로 보이는 나무는 요새의 깃발을 연상시키는 역동적 느낌을 전달하고자 한 것이다. 성곽도시라는 서울의 지리적 전통을 메타포로 한 이러한 요소는 좌측 동 렘 콜하스 설계의 아동교육문화센터에서 느껴지는 블랙 콘크리트의 수평적 플랫폼과, 우측 동 장 누벨의 부식 스테인리스로 만든 육중한 매스 사이에서 이미지를 주도한다. 서양의 어휘에서 클래식하다는 표현은 전통미

와 완성도가 있다는 것을 표현할 때 쓰이는데, 여기에서 우리는 그런 클래식함의 강한 힘을 느끼게 된다. 최고가 첨단기술 결과로 만들어진 블랙 콘크리트와 이 또한 첨단기술로만 가능한 부식 스테인리스 사이에서 전통의 적벽돌이 이렇게 이미지를 주도하는 것을 보면서 이런 생각을 하게 되는 것은 필자만의 생각은 아닐 것이다. 내부 전시물은 건축가의 생각과도 연계되는 고미술과 현대미술의 상설전시로 이루어지고 있다. 마리오 보타는 자신의 작품에 그 지역에서 많이 나는 건축 재료를 주로 적용하는데, 특히 벽돌을 가장 많이 사용한다.

벽돌로 마감한 스위스 건축가 마리오 보타 설계의 뮤지엄 I을 중심으로 우측에는 프랑스 건축가 장 누벨 설계의 뮤지엄 II와 좌측에는 네델란드 건축가 렘 콜하스 설계의 사선의 요소가 적용된 아동교육문화센터가 있다.

최정화 작가의 설치미술이 보이는 스파이럴 계단 하부 리움미술관 로비, 좌측 아동문화센터 입구쪽에 위치한 크리스탈 구슬에 뒤덮인 박제된 사슴을 통해 인간감각의 모호성과 현대정보체계의 모호성을 드러내고, 불확실한 대상을 물체로 소유하려는 인간의 욕망을 보여주려는 나와 코헤이의 '픽셀–중첩된 사슴#6'

자연의 빛이 유입되는 원통형 스파이럴 계단 중앙의 채광창

마리오 보타의 뮤지엄 ㅣ 내부. 스파이럴 계단에
설치된 최정화 작가의 작품

명암 대비가 강렬한 가운데 고미술품이 전시되고
있는 단 주변 역원추형 '뮤지엄 ㅣ' 내부

우리나라에 있는 보타의 또 다른 건축물에는 가로 세로가 반
듯한 직선으로 이루어진 강남의 교보타워가 있다. 이 건물은
붉은 벽돌만을 이용하여 디자인의 다양성을 구현한 건축물로
지역의 랜드마크 역할을 하고 있다. 스위스의 자연을 담은 붉
은 벽돌과 명쾌한 기학학적 형태 그리고 들어오는 개구부와
나오는 개구부를 제한함으로써 빛의 역할을 극대화시키는 기

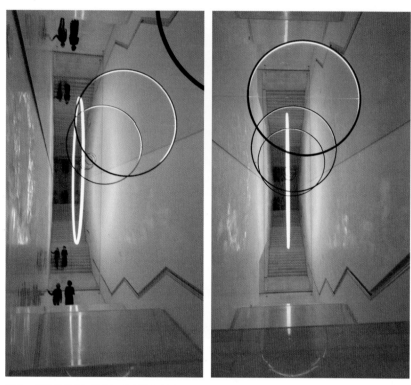

덴마크 태생 현대미술 작가 올라퍼 엘리아슨Olafur Eliasson의 '중력의 계단'이 설치된 전시관 관람 동선 마지막 출구 모퉁이 계단실

법을 이용하는 보타는 독특하고 천재적인 건축가라 할 수 있다. 그가 자주 사용하는 가로 줄무늬는 보타의 건축물임을 알리는 상징이다. 리움 미술관에서도 외부마감 벽돌에서 요철을 둔 가로 줄무늬를 확인 할 수 있다. 도자기를 빚는 도공의 손길을 형상화 한 듯한 가로 줄무늬가 배어있다. 뿐만아니라

건물내부 공간에 있는 스파이럴 계단에 난 수직의 오픈면 또한 가로 줄무늬의 바리에이션으로 볼 수 있다. 그는 모든 형태 중 가장 원초적인 느낌이 나는 원기둥 형상을 선호하는데, 이것은 '하늘을 향해 열려있는 종교적인 공간'을 의미한다. 이는 종교적인 건축물 덕분에 20세기 이전 인류 건축이 발전할 수 있었다고 생각하기 때문이라 한다. 건축, 실내건축 전공자들은 한번쯤 그의 이러한 천재성을 배우고자 그의 건축물들에 몰입한다.

〈리움미술관〉은 스페인 빌바오의 구겐하임미술관을 벤치마킹하여 진행된 프로젝트이기도 하다. 스페인의 빌바오는 당시 조선 산업 및 철강 산업의 쇠퇴로 위기를 맞아 옛 명성을 되살리고 활성화시키기 위해 도시재생을 도모하던 스페인의 네 번째 크기의 도시였다. 빌바오는 재개발 계획에 뮤지엄 건설을 포함시켜 문화산업에 목표를 두고 도시경제를 되살리려 했다. 이를 위해 건축가 프랭크 게리Frank Gehry에게 지명설계경기에서 일본의 아라타 이소자키, 비엔나 출신 쿠프 힘멜브라우와 경쟁하여 만장일치로 당선된 다섯 번째 구겐하임미술관을 맡겼다. 프랭크 개리는 독특한 디자인으로 매번 이슈를 만들어내는 작가로, 그는 뮤지엄 건물에 신소재 티타늄을 사용하여 광채를 내고 외현을 곡면의 비틀어지고 굽은 모양으로

클래식한 설치작품 열주와 콘크리트 원기둥이 나열된 미술관 진입부 경사로

설계하였다. 결과적으로 미술관은 전시뿐 아니라 건물 자체가 예술작품이 되는 20세기 건축의 아방가르드가 되어 무수히 많은 세계 각국의 관광객들을 네르비온 강변으로 모여들게 하였다. 조선소와 산업폐기물이 쌓여있던 곳에 바스크 지역사회가 마련한 1억 달러의 기금을 바탕으로 구겐하임 재단

나와 코헤이의 '픽셀-중첩된 사슴#6'

은 프로젝트를 성사시켰고 시민들의 자긍심을 불어 넣어주는 계기로 작용했다. 이와 같이 관광수익을 창출하고 지방도시의 경제를 활성화시킨 성공 사례가 리움미술관의 모델이 되었다.

두 번째 건축물은 대지 1,200평에 연면적 3,900평 규모의 '삼성 아동교육문화센터'다. 흔하지 않은 블랙 콘크리트를 사용한 블랙박스로, 네덜란드 OMA의 건축가 렘 콜하스가 설계한 작품이다. 렘 콜하스는 2000년 건축계의 노벨상이라고 불리는 프리츠커상을 수상한 현재 도시건축에서 세계 최고의 영향력을 지닌 건축가로, 그는 '우리를 규정짓는 여러 가지 요소에 대해 자유로워지는 것'을 모토로 하여 다양한 생각을 바탕으로 그 무엇에도 길들여지지 않은 아이처럼 기발하고 재미있는 건축 공간을 다양하게 만들어 내고 있다. 리움 미술관 주출입구는 이 건축물 '삼성 아동교육문화센터' 측면에 위치한다. 좌측 전면 유리벽을 통해 렘 콜하스 설계의 블랙큐브가 내려다보이는 외부 경사로를 따라 출입문을 들어서면 마리오 보타 설계의 '뮤지엄 Ⅰ' 공간 지하와 통합된 로비가 있

삼성 아동교육문화센터 외관. 렘 콜하스

동선의 흐름을 따라 대지와 건축물이 경사를 이루며 연결되어 있는 아동 교육문화센터 입구. 다양한 공감각적 변화와 유연하게 연결되는 흐름을 느낄 수 있는 블랙콘크리트 박스

아동교육문화센터 지하 전시관 내에 자유분방하게 구성된 설치미술들. 에르네스토 네토의 '심비오테스튜브타임－향기는 향꽃의 자궁집에서 피어난다'

밝고 발랄하며 자유분방한 지하 1층 전시관에서
어둡게 설정된 1층 블랙큐브 공간으로 연결되는
에스컬레이터의 좁고 긴 상승감

지하1층으로부터 자연의 빛이 유입되는 가운데 현대적 역동성을 보여주는 블랙박스 공간에 전시된, 전통과
현대성에 대한 폭넓은 사유를 보여주는 작가, 아이웨이웨이의 '나무'

다. 로비홀에는 안내데스크 뒷편 커피숍과 안내데스크 맞은편 뮤지엄숍이 위치한다. 로비홀에서 세 개 동의 미술관으로 진입로가 연결된다. 전시관람자의 동선은 주출입구 좌측 '아동교육문화센터' 입구로부터 시작된다.

실내의 블랙큐브는 공중에 떠 있는 듯 부유하는 미래적 건축 공간을 구현한 것으로 전위적 시도를 과감하게 적용하고 있다. 외부 유리를 통해 보이는 거대한 블랙큐브와 그 블랙박스를 품은 높이 17미터의 유연한 공간을 동선을 따라 걷다 보면 시점마다 서로 다른 공감각적 체험을 하게 된다. 렘 콜하스는 미술관 마스터 플랜의 책임자다. 그는 건축을 흐름, 즉 도시로 파악하는 건축관을 구현하려는 시도로 대지의 경계면을 따라 주차 공간의 유리 벽면이 자연스럽게 흐르게 하였고, 세 개의 건축 단지의 내부순환이 이상적으로 이루어지는 조화로운 도시 모델로 승화시키려 하였다. 관람자들은 주차장으로부터 이어지는 동선의 흐름을 따라 대지와 건축물이 어떻게 연결되고 있는지 살펴볼 수 있다. 이러한 것에 관심을 가지고 관찰해 보는 것도 이 미술관이 주는 공간의 즐거움 중 하나가 될 것이며, 그 과정에서 다양한 공감각적 변화와 유연하게 연결되는 흐름을 느끼게 될 것이다. '아동교육문화센터'의 프로그램은 다음 세대의 창의력 증진을 위한 교육관련 시설과 기획전시를 겸하고 있어 현재 진행 중이거나 장래 표출될 예술의 형식을 수용하는 자유분방한 공간으로 쓰이고 있다.

세 번째 건축물 '뮤지움 II' 현대미술관은 대지 500평에 연면적 1,500평의 세계 최초 부식 스테인리스 스틸과 유리를 적용한 프랑스 건축가 장 누벨의 작품이다. 장 누벨은 첨단 기술 미학과 예술의 접점에 서서 건축을 '공간을 구성하는 기술이면서 이미지를 생산하는 작업'이라고 규정한다. 이 건축가는 사물을 역설적으로 바라봄으로써 새로운 의미를 생성해내는 현대미술처럼 녹슬지 않는 스테인리스 스틸을 녹슬게 하는 역설을 시도하여 '뮤지움 II'를 도시의 대지 위에 들어선 거대한 미술품으로 승화시켰다. 움푹 패인 대지 속에 육중하게 솟아있는 이 건축물은 주변의 나무들과 함께 형상 자체가 끊임없이 계속 생성되고 있는 현대미술을 상징하기를 원한다. 다양한 크기의 직육면체 전시 박스Cube가 자유분방하게 배치되어 유리로 된 외벽과 함께 관람객에게는 다양한 전시공간을 체험하게 하고 동시에 외부를 역동적으로 만들어 준다. 전

뮤지움 II 내부에서 보이는 게비온 벽

시장 내에 열린 공간을 만들기 위해 기둥을 없앤 포스트 텐션 구조 공법을 도입하고 격자형의 유리창을 도입해 전시공간을 확보했다. 또 투영상을 중시하여 건물 내부에서도 유리창을 통해 외부의 식물이나 나무를 볼 수 있도록 설계하여 자연의 빛이 만드는 음영공간을 만들고 있다. 건물 정면을 제외한 양측 면에는 지하까지 움푹 페인 썬큰 가든을 설치하였다. 건물 후면에도 대나무가 식재된 공간이 있다. 점점 높아지는 지형의 흙막이 벽에는 지하로 파고 들어간 대지에서 나온 석재들을 적재한 게비온 벽으로 처리하여 매끄러운 건축물 마감과 질감의 대조를 이루고 있다. 이곳에는 도널드 저드, 데미안 허스트 등 세계 정상의 현대미술가들의 작품이 상설 전시되고 있다. '뮤지움 II' 건축물은 극도의 투명도를 추구한 저철

로랑 그라소의 '미래의 기억들'이라는 네온작품이 설치 돼 있는 있는 뮤지움 II 현대미술관

건물 내부에 유입된 자연의 빛이 만드는 음영공간 저 너머에서 보이는 거친 질감의 게비온 벽

분 유리와 부식 스테인리스 철판의 극적인 대비를 주목해 보아야 한다.

장 누벨은 2008년 건축 분야의 노벨상이라 불리는 프리츠커상을 수상한 건축가다. 그는 간결함과 투명성을 중시하며 자연광을 적극적으로 활용하는 건축가로 빛의 건축가라 불린다. 이런 그의 건축공간을 자연광과의 관계를 유심히 관찰하며 감상하는 것도 좋을 것이다.

보통 필자의 미술관 나들이는 강의 준비와 프로젝트를 위한 움직임이었지만 이번에는 조금 달랐다. 소녀 감성으로 사전조사 없이 가벼운 마음으로 전시장을 둘러보는 경험 또한 소중하고 편안했다. 미술관은 건축, 실내디자이너, 큐레이터, 순수미술, 그리고 조경가까지 다양한 예술가들이 모여 만드는 공간이다. 즉 미술관을 구성하는 모든 요소들이 예술작품이 되는 복합문화공간이다. 그러므로 이제부터는 전시물과 함께 공간을 감상하는 경험을 기대하면서 미술관 나들이를 떠나보는 것은 어떨까 한다. 혼자서 훌쩍이건, 아이들과 함께이건, 연인과 함께이건 미술관을 방문하여 건축가의 세계관을 공감하고 그 안의 작품을 감상하며 주변과 교감하는 시간여행을 시작해 보았으면 한다. 그러한 경험을 통해 현대 예술이 추구하는 것처럼 우리 존재 하나하나가 끊임없이 새롭게 생성되는 체험을 할 수 있기를 기대해 본다. 촉각으로, 후각으로, 청각으로, 시각으로 느껴지는 그 모든 경험이 예술가들의 예술혼과의 교감을 이루어 우리의 심장에서 새롭게 탄생되어 끊임없이 창조되는 경험이 있기를 기대해 본다.

국립현대미술관 서울관

마당으로 연결되어 유기적으로 순환되며 떠 있는 섬과 같은 미술관

전통과 현대, 자연과 예술이 공존하는 시간

| 엠피아트 민현준Mihn Hyun Jun, 시아플랜

삼청동이 핫 플레이스로 떠오를 무렵, 경복궁 건너편에 거대
한 공사장 가벽의 예술적인 그래픽이 눈길을 끌었다. 경외감
과 호기심으로 바라보던 그곳에 2013년 11월 〈국립현대미술

복원된 옛 기무사 건물이 포함된 현대미술관 서울관 전경

관 서울관MMCA, National Museum of Modern & Contemporary Art, Seoul〉이 들어섰다. 2만 7,400제곱미터 부지에 역사적 건축물들과 현대적 전시 공간이 만나 미술관으로 탈바꿈된 것이다. 1920년대 이후 어느 도시나 비슷비슷한 모습으로 달려온 현실에서, 건축에 있어서 한국의 전통성은 무엇인가에 해답을 찾아보려는 노력이 이곳에 있다.

첫 방문 때는 '서울박스'에 설치된 서도호 작가의 〈집 속의

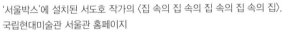

'서울박스'에 설치된 서도호 작가의 〈집 속의 집 속의 집 속의 집 속의 집〉.
국립현대미술관 서울관 홈페이지

집 속의 집 속의 집 속의 집〉이 전시되고 있었다. 어릴적 보던 파란색 모기장의 매시 소재를 가감없이 그대로 이용해 홀 전체를 채우는 집은 압도적 규모와 아우라로, 그리고 그 투명성으로 미술관 공간을 외부로부터 내부의 주변공간들로, 공간들을 연결하며 전시되고 있었다. 그 후 재방문한 서울관은 조용하고 차분하게 움직이고 있는 듯 했다.

〈국립현대미술관〉은 1986년 자연 속에서 휴식을 제공하는 〈과천관〉을 시작으로, 1998년 근대미술을 조망하는 〈덕수궁관〉, 2013년 동시대 미술을 소개하는 도심 속 〈서울관〉, 그리고 2018년 12월 27일 수장 기능이 강화된 담배공장을 재생시킨 〈청주관〉 개관으로 4관 체제로 운영되고 있다.

청주관은 옛 청주연초제조창을 577억 원의 공사비를 투입하여 리뉴얼하였으며 예술, 과학, 인문학 등 다양한 분야의 예술이 현대미술과 소통하는 문화의 산실을 목표로 개관하였다. 10개 수장 공간과 15개 보존과학 공간, 기획전시실, 교육 공간, 조사연구 공간인 라키비움 등으로 구성되었다.

서울관은 2009년 새로운 미술관 조성 계획이 발표된 후, 2010년 아이디어 공모를 통해 113개 팀 중에서 선발한 5개 건축가 팀들 간의 제한 경쟁을 거쳐, 신진건축가 그룹인 엠피아트MP_Art Architect의 민현준과 시아플랜의 컨소시엄의 안을 채택하여 2013년 11월에 개관하였다.

미술관의 역할이 예술품을 통해 감동을 전하는 것이라면 풍요로운 세상을 만드는 데 서울관의 건축적 요소는 어떤 기여를 하는가에 주목하며 살펴보기로 한다.

서울관은 근현대사의 주요 사건들이 일어났던 장소인 국군기무사령부가 위치했던 종로구 소격동 부지에 옛 기무사 건물 일부와 함께 들어섰다. 서울관 주변에는 경복궁이 길 건너에 위치해 있고, 부지 안 미술관 뒤편에는 조선시대 국왕의 친인척 사무 담당 기관이었던 종친부 건물 경근당과 옥첩당이 복원되어 공존하고 있어 우리나라 역사를 함축하고 있다.

서울관 뒷마당에 위치한 조선시대 국왕의 친인척 사무기관이었던 종친부 건물 경근당

　종친부는 역대 임금의 의례용 도장인 어보와 왕의 초상화
인 어진을 보관하고, 왕과 왕비의 의복 관리와 왕실의 관혼상
제 등 사무를 맡아보던 관청이다. 본래 건물 3채 중 현재 남아
있는 좌측 경근당은 왕실의 사무를 처리하는 궁궐건축 형식
의 전각인데 전이나 각으로 일컬어지는 건물은 커다란 집을
뜻한다. 또한 옥첩당은 관리들의 집무처였다.

　본래 종친부는 1430년 세종때 만든 기관으로 경복궁의 동
문 '건춘문' 근처에 자리했었다. 19세기 말 흥선대원군이 경복
궁 중건 때 가장 먼저 다시 지은 곳이 종친부였다고 한다. 경
근당을 중심으로 양쪽에 날개처럼 우측의 옥첩당과 좌측 이
승당이 자리잡은 구조였는데, 1981년 신군부가 보안사령부

테니스장을 건설하면서 남아있던 경근당과 옥첩당을 서울 화동 정독도서관 경내로 옮겼으나 다행스럽게 미술관 건립과 함께 본래의 자리로 다시 옮겨 복원되었다. 경근당은 화강석을 다듬은 기단위에 세워져, 정면 7칸, 측면 5칸의 2익공계 양식의 겹처마로 된 팔작지붕의건물로, 서울안에 남아있는 관아 건물 3개중 한 곳이며, 조선의 중앙 관청 건축양식이 남아있는 가치있는 건물로 유형문화재이다. 종친부와 미술관사이에 위치하며 고즈넉하고 조선의 여백의 미를 느끼게 하는 듯한 아름다운 마당에서는 화려하게 개량된 한복을 입은 관광객들이 보인다. 미술관 주변 삼청동 일대 거리는 이런 젊은이들의 모습이 진풍경을 이룬다. 외국인 관광객들의 한복 입은 모습에서 전통의 힘을 다시 한번 생각하게 된다.

경복궁 쪽 대로변에 위치한 적벽돌 마감의 근대건축물은 일반적으로 기무사 건물로 알려져 있으나 그 역사가 의미있다. 일제강점기에는 경성의학전문학교 부속의원으로, 1945년에는 서울대 의과대학병원으로 이용되었고, 이후 육군병원으로 사용되다가, 보안사령부가 접수하여 군 수사 정보기관인 국군기무사령부로 개칭하여 사용된 근대의 역사를 한 몸에 담고 있는 건축물이다. 건축문화 측면에서도 이 건물은 20세기 초반 모더니즘 건축의 경향을 잘 보여주는 현재 남아있는 일제강점기 병원 건축물 중 가장 오래된 건축물이기도 하다. 현재는 서울관의 주출입이 이곳을 통해 이루어지도록 구성되면서 1층 좌측에는 아트 상품 판매점으로 프로그램되어 있다.

신축 미술관과 기무사동 연결부 디테일

일반적인 미술관 공간에 비해 천장이 낮기 때문에 서울관을 옛 기무사동으로 진입한다면 공간의 스케일에 반전을 경험하게 될 것이다. 이곳의 낮고 옛스럽고 어두운 공간을 통과하여 신축된 미술관 홀로 진입하면 공간의 확장감을 경험하게 된다. 높고 밝고 넓고 모던한 로비가 연결되어 이곳에 오픈형 매표소와 안내데스크가 자리하고, 그 정면 남쪽 벽은 전체를 창으로 열어 그 창 너머에 우리 전통의 넓은 마당을 배치하여 공간은 수평방향의 외부로 더욱 더 넓게 확장되는 결과를 보여준다. 세계적 건축가 마리오 보타의 센프란시스코 MOMA와 프랭크 로이드 라이트의 구겐하임 뉴욕 같은 세계적 미술관에서도 이러한 공간의 스케일 변화로 반전의 감동을 볼 수 있는데, 이 두 미술관들에서는 건축가의 설계의도에 의해 유난히 좁고 어두운 진입공간을 지나 높고 넓은 홀 공간이 드러나도록 설계된다. 특히 천창에서는 찬란

로비 홀 우측 오픈형 매표소와 안내데스크 그리고 좌측으로 공간의 개방감을 보여주는 마당과 정면의 지하부터 오픈된 서울박스 공간

좌측 미술관 로비로 진입 가능한 외정형 마당

한 자연의 빛이 쏟아져 들어와 메인 홀을 더욱 넓고 환하게 확장시키는 효과를 보여주는 기법을 볼 수 있다. 서울관에서는 입지의 특성상 수직적인 확장성보다는 수평으로의 확장을 외부의 마당을 활용하여 보여주고, 마당을 통한 진입이 가능하도록 하였다.

〈국립현대미술관 서울관〉 부지는 이렇게 근대와 조선시대의 역사와 전통이 깃든 문화재들이 공존하고 있는 부지이고, 경복궁과 북촌, 서촌 등과 같은 오래된 문화 지역 주변이기에 미술관 설계에서도 인근 지역과의 조화를 우선시해야 한다는 특성에 주목하게 되었다.

기무사동과 교육관 사이 열린 마당과 외정형 마당으로 진입하는 곳에 설치된 뒤집어진 여객선 형상의 건축가 프로젝트 작품

경복궁 바로 옆이기에 역사문화환경보존 지역이라는 용도에 알맞게 '군도형 미술관'으로 설계되었는데, 이 개념은 전시장들을 작은 섬들처럼 낮게 배치하고, 지하 공간을 적극적으로 활용하면서 그 사이사이에 넓고 좁은 다양한 마당을 두어 어느 방향에서나 자유롭게 미술관에 진입하고 나갈 수 있도록 구성하는 마당 중심의 미술관을 말한다.

전통적으로 마당은 건물 주변에 위치하는 외정형과 건물들로 둘러싸인 내정형 그리고 미분화형, 분화형 등으로 구분된다. 내정형은 마당을 둘러싸는 채의 형태에 따라 ㄱ자형, ㄷ자형, H자형 등이 있다. 또한 분화형은 수평으로 배치된 분화형

과 지형의 단차에 의한 수직 분화형 등이 있는데, 이러한 마당
들의 개념을 서울관 곳곳에서 볼 수 있다.

또한 건축에서 외부 공간이란 자연 속에서 자연을 한정하
는 것으로부터 시작되고, 인간에 의해서 만들어진 목적이 있
는 외부환경인 마당은 자연 이상으로 의미있는 공간이다. 일
반적으로 마당은 움직임 속에서 체험할 수 있는 공간이므로
정지된 한 관점보다는 연속되는 공간 체험을 통해 정서적 이
완을 주는 중요한 역할을 하는 장소이다. 특히 도심에 위치하
고 있는 〈국립현대미술관 서울관〉의 군도형 미술관들 사이에
배치된 마당들은 미술관 곳곳에서 자연요소와 역사적 요소
그리고 위치를 환기하고 확인시켜주는 역할을 하게 된다.

마당 면적의 크고 작음의 연속적 변화, 형태의 정형과 부정
형의 변화, 빛의 밝음과 어두움의 대비적 변화 등의 연속성을

통해 관찰자의 공간 체험에 흥미와 기대감을 유도할 수 있는 공간적 요소를 제공한다. 특히 외부 마당에서의 형태는 시간의 흐름이나 생태계 순환의 자연현상의 변화로 인해 연속적으로 변화한다는 점도 특징이다. 외부 공간의 공간감은 둘러싸인 건물 사이의 폭과 건물 높이에 의해 좌우된다.

서울관은 이러한 다양한 공간감을 갖는 마당을 요소요소에 배치하여 관람 동선의 유동성을 제공한다. 전시물 관람 과정에서 만나는 마당들을 지나다 보면 서로 다른 경로를 경험하게 되는 것이다. 기존의 미술관들과 달리 미술관 진입 방법 또한 다양하고 정해진 동선 없이 자유로이 관람할 수 있는 특징이 있다. 기존 미술관에 익숙한 관람자들은 다소 혼란스러울 수 있으나, 체험의 유동성으로 인해 방문할 때마다 새로운 경험을 할 수 있는 미술관이 된다.

〈국립현대미술관 서울관〉 전면에는 열린 마당과 미술관 마당, 두 개의 마당이 있다. 열린 마당에서는 경복궁의 아름다운 담장과 옛스러운 적벽돌의 옛 기무사동 그리고 현대적인 교육관이 보인다. 교육관의 마감은 테라코타 타일로 건물을 덮고 있는데 조선 시대건축의 기와처럼 살짝 구부린 기울어진 형태를 하고 있어 햇빛을 받을 때마다 관찰자의 시선 이동에 따른 다양한 색채의 반짝거림이 느껴진다.

미술관 마당은 근대건축을 보존한 옛 기무사동과 신축한 미술관동 그리고 교육관으로 둘러싸인 곳에 위치한다. 다양한 질감의 건축 마감재를 만날 수 있는데, 바닥의 잔디는 석재 타일 사이에서 자라고 있고 교육관을 지나 종친부 쪽으로 가는 경사로 벽에는 땅을 파낼 때 나온 돌을 철망에 넣어 쌓아둔 게비온 담장이 있다. 또 주어진 지형을 적극적으로 활용하기 위해 교육관과 종친부 쪽은 경사로 위에 자리하고 미술관은 그 아래에 배치되는 방식으로 지형과 지세를 살렸다.

지하 1층, 지상 3층 규모의 미술관 내부로 진입해 본다. 과거 기무사 건물로의 진입은 정면 중앙 주출입구와 우측 측면 두 곳이 있고, 열린 마당 쪽 진입은 교육관을 통해 내부로 들어와 입장하는 방법과 미술관 마당을 거쳐 진입하는 방법이 있다. 또한 카페테리아 쪽 입구와 미술관 로비 쪽도 출입이 가능하지만 이 두 곳에 대해 특별한 안내가 없어 조금은 불친절한 공간이라는 느낌이 있지만, 다양한 진입로로 인해 방문자마다 서로 다른 경험을 하게 된다.

미술관 마당 쪽 출입구를 통해 메인 로비로 들어서면 밝은 무채색 공간에 직선의 디자인들이 모던하다. 마당 쪽으로 난 전면 창을 통해 자연광이 유입되고 있는 가운데 천장에 난 틈을 통해서도 자연의 빛이 유입되고 있다. 서울관 설계의 또 다른 특징은 자연채광을 적극적으로 적용했다는 점인데, 지하에서도 마당과 천창을 전시관 사이사이에 배치하여 자연의 빛과 외부환경을 끌어들였다. 옛 기무사동 쪽은 천장고가 특히 낮고 신축 미술관동과는 대비를 이루며 검은색 천장으로 마감되어 있어 근대사의 암울함을 연상시킨다.

옛 기무사동 미술관 진입부 전경

서울박스 입구의 작은 썬큰 마당

티켓 박스를 지나면 서울관의 각 전시실로 접근하는 동선의 중심에 '서울박스'가 있다. 지하 1층과 지상 1층을 보이드시키는 통층 방식으로 열린 공간의 볼륨으로 처리하여 천장고가 17미터다. 전시실 중 가장 높은 전면 유리 전시장으로 우리의 전통건축 방식에서 밖에서는 여러 층으로 보이지만 내부는 한 층으로 시원스럽고 웅장하게 만들어진 공간들이 있는데 경복궁의 근정전이 이러한 방식이다. 법주사의 팔상전, 금산사 미륵전, 화엄사 각황전과 같은 불교건축에서도 찾아볼 수 있다.

8개의 전시관과 멀티미디어 공간 사이에 위치하고 있는 서울박스의 지하 전시관 유리창 사이로는 종친부의 지붕을 볼 수 있도록 설계되었다. 서울박스 입구에는 작은 썬큰sunken 마당을 배치하여 지하에도 자연광 유입을 유도했고, 지상과 지하를 잠시 자연을 환기할 수 있는 역할을 제공한다.

서울박스에는 스케일과 형식을 파괴하는 특성을 보이는 대규모 설치작품들이 전시되고 있다. 개관전인 서도호 전에 이어 레안드로 애를리치 전, 그리고 양지앙 그룹 전이 진행되었다. 양지앙 그룹 전은 촛농 같은 흐르고 굳는 특징의 재료들을 이용해 겨울왕국을 연상시키는 참여활동으로 이어가기도 했었다.

건축설계 초기에 서울박스는 전시장의 홀로 설계하였던 곳인데 개관전 때 설치작가 서도호의 아이디어가 더해져 전시

공간으로 자리잡게 되었는데 이는 참여자에 의해 공간이 완성되는 사례가 되기도 한다.

전시실들은 1층의 1전시실을 시작으로 계단을 통해 지하1층에 집중되어 있는 6개의 전시실과 미디어전시실 그리고 2층에 위치한 8전시실로 이루어진다. 계속하여 서울박스 주변 전시실들을 관람하고 나면, 통행로 맞은 편에 전시마당이라는 이름의 외부 마당이 존재한다. 설치작품이 전시되어 있는 이곳은 전시관들로 둘러싸여, 전면유리벽을 통해 내부공간 통행로에 자연의 빛과 전시동선의 유동성을 제공한다. 서로 대각선에 위치한 두 개의 문은 전시마당으로 나가 작품을 감상한 관람객에게 나왔던 문을 통해 실내공간으로 돌아가 관람을 이어가거나, 마당을 가로질러 또 다른 문을 통해 실내로 들어가는 방식의 동선의 유동성이 이루어진다.

한 사회에서 미술관의 존재는 그 사회의 문화적 척도이며 사회 구성원들의 지적, 교육적 정도를 가늠하는 기준이 된다. 미술관은 그 시대가 원하는 모습으로 발전과 변화를 거듭해 왔으며, 미술관을 통해 시대상을 짐작해 볼 수 있다. 미술관은 전시물과 관람객 그리고 관람객과 관람객 상호간의 공간적 교류를 위한 장소이다. 그 교류는 미술관의 공간구성의 특징에 따라 다양하게 나타나게 될 것이다.

미술관 중앙에서 자연의 빛을 제공하며 자유로운 동선을 만들어 내고 있는 지하로 부터 열려있는 전시 마당

〈국립현대미술관 서울관〉이 설계 개념에서 중점을 둔 '역사적 측면'과 '마당을 통한 공공부분의 확대' 그리고 '경험의 다양성, 마지막으로 '자연광의 적극적 도입' 측면에 마당개념 공간들이 그 역할을 다 할 수 있기를 기대해 본다.

옛 기무사 건물은 역사적 측면에서 20세기 초반 모더니즘 건축의 경향을 잘 보여주고 있다. 또한 기무사란 기관의 위치는 한국 현대사에서 격동의 현대사를 상징하는 곳이라는 중요한 의미를 지닌다. 그런 의미에서 보전의 필요성이 건축계에서 제기되었고 건축가는 이 건물을 거의 그대로 남기면서 두꺼운 페인트칠을 걷어내고 원래 모습을 되살리는 한편 미

탈북 어린이가 축구공으로 그리는 비디오 설치 및 퍼포먼스작품, 현실의 모순과 부조리를 주제로 작업하는 함경아의 '악어강 위로 튕기는 축구공이 그린 그림'

술관 마당 쪽으로 긴 벽을 개방하여 주출입구로 삼았다.

서로 다른 건물들 사이에 있는 여러 마당들은 미술관 전체 디자인의 핵심이자 야외 전시 공간이 되었다. 건축가의 또다른 설계 개념은 '미술로 완성되는 미술관'이었다. 마당 역시 이런 개념과 이어지는 설계의 핵심 부분이다. 입구 쪽 미술관 마당과 열린 마당에는 대형 파빌리온 작품이 들어서 미술관의 주인공이 되어 사람들을 끌어 모은다. 마당이 전시 공간화되고 공간 소비가 대중화된다. 교육관 앞 열린마당으로 부터, 건물들로 둘러싸인 내정형의 미술관 마당, 지하 1층에 자연의 빛을 부여하는 전시마당, 교육관 3층에 위치한 경복궁 마당,

종친부 마당, 끝으로 서울박스와 맞은 편 선큰 공간까지 서울관에는 많은 마당들이 산재하고 또 하나로 이어진다. 미술관 마당을 중심으로 수평분화한 열린마당을 거쳐, 교육관쪽 경사로를 따라 수직 분화한 종친부 앞마당에서는 마주 보이는 경복궁과 인왕산 풍경이 새롭다. 종친부 마당쪽에서는 교육동 2층 디지털 도서관 아래를 통해 주변 지역사회를 연결하는 통행로가 열려있다. 옥첩당 쪽에도 또다른 출입구가 위치하여 북촌마을 골목길의 정취로 연결된다. 미술관이 열려 있다는 느낌을 주면서 누구나 쉬어가는 공공 공동 마당으로 쓰이도록 배치된 것이다.

이렇게 여러 마당들 사이에 20세기 초반 건물인 옛 기무사 건물, 최신의 현대적 건물인 서울관, 그리고 조선시대 역사적 건물인 종친부가 공존하는 모습은 그 자체로 우리나라 역사를 함축하고 있다. 그리고 서로 다른 디자인의 이 세 건축물들이 조화하면서도 대비를 이루고, 마당을 사이에 두고 한 장소로 합쳐지는 구성이야말로 〈국립현대미술관 서울관〉이 보여주는 진정한 매력일 것이다. 조선의 중심이었던 이곳은 일제 강점기와 군사정권기를 거치며 훼손되었다가 건축을 통해 조금이나마 복구되었고, 이제 한국을 찾아오는 모든 이들이 방문하는 명소로 사랑받게 되었다.

아모레퍼시픽 미술관

공중 정원을 중심으로 주변환경과 연결되는 건축

지역사회와 소통을 추구하는 공용문화공간

| 데이비드 치퍼필드David Chipperfield

신용산역 앞 주한미군 기지였던 부지가 공원화 예정이고 그 바로 뒤 인접한 곳에 아모레퍼시픽 그룹의 신사옥이 들어섰 다. 2018년에 완공된 이 건물을 설계한 영국 출신 건축가 데

이비드 치퍼필드David Alan Chipperfield는 최소한의 요소만을 가지고 공간을 구현하는, 소위 미니멀리즘의 건축가로 알려져 있다. 미니멀리즘 예술은 대상의 본질만을 남기고 불필요한 요소를 제거하여 최소한의 색상과 기하학적 뼈대만을 표현하는 단순한 형태의 작품을 말한다. 이러한 작품은 반복과 조화를 강조하고 소재와 구조를 단순화하면서도 효율성을 추구하는 것을 특징으로 2차 세계대전을 전후하여 시각 예술 분야에서 출현하여 다양한 영역으로 확대되어 나타나고 있다.

치퍼필드는 1953년 실내 건축 장식업자의 아들로 영국 남부 데본의 한 농장에서 자랐다. 전통적인 방식의 고수와 구조와 기술까지 동일하게 중시하는 킹스턴 폴리테크에서 공부하다가 진보적인 런던의 건축대학 AA로 옮겨 모더니즘의 정수를 배운다. 그는 AA에서 리움과 서울대미술관을 설계한 렘 콜하스, 베르나르 추미, 동대문 디자인플라자를 설계한 자하 하디드 등과 교류한다. 또 홍콩상하이은행 본부 설계로 유명한 노먼 포스터Norman Foster와 파리의 퐁피두센터를 설계한 리차드 로저스Richard Rogers의 사무실에서 근무하며 그들의 영향을 받았다. 영국과 독일에서의 건축에 대한 공헌을 인정받아 기사 작위를 부여받았으며, 슈트트가르트에 있는 대학과 예일대학에서 학생들을 가르쳤다. 또한 2012년 제13회 베니스 비엔날레에서 큐레이터로 활동하며 유럽의 고전과 현대적인 디자인을 다양하게 보여주었다.

아모레퍼시픽 그룹 신사옥 내부에는 〈아모레퍼시픽 미술관〉이 위치한다. 이곳에서는 개관전으로 멕시코 출신 라파엘 로자노헤머Rafael Lozano-Hemmer의 '인터렉티브 아트 전'이 데이터 과학 용어에서 쓰이는 'DECISION FOREST'라는 제목으로 진행되었다. 컴퓨터 데이터에서 어떤 사물을 인식하게 하는 의사결정 규칙과 그 결과들을 트리tree 구조로 도식화한 의사결정 지원 도구를 디시전 트리라 하는데 이것들이 모여 일련의 포괄적인 결과를 만들어 내는 구조를 디시전 포레스트라 한다. 예술작품에 고도의 기술력을 접목시킨 이 작품은 새로운 세계의 경험을 제공하는 작가의 작업이 창의적인 아이디어를 바탕으로 하는 건축뿐만 아니라 다양한 분야에서도 특이성을 나타내기 위해 항상 노력해야 한다는 것을 새삼 깨우치게 한다.

라파엘 로자노헤머는 1967년 멕시코시티에서 태어나 캐나다에서 물리화학을 전공하고 1992년부터 개인전을 시작한 아티스트다. 그는 컴퓨터 네트워크 기술을 응용한 대형 상호작용형 인터렉티브 프로젝트를 통해 대중의 참여를 위한 플랫폼을 만드는 데 주요 관심사를 가지고 있다. 빛과 그림자를 이용한 작업 등으로 뉴욕의 MoMA를 비롯하여 세계 각국에서 개

인전을 열었으며 비엔날레에서도 작품을 전시하며 활발한 활
동을 이어가고 있는 미디어 아티스트다. 개관전에 인터렉티브
아트 전을 기획한 것은 이 건축물 1층 로비를 지역사회와 소
통하는 공간으로 계획한 점과도 연관이 있음을 알 수 있다.

한 번은 가봐야겠다는 생각을 가지고 있던 차에 미술관 프
로그램이 포함되어 있다는 반가운 정보가 있어 찾아 가게 되
었다. 그날은 사상 최고의 더위로 대한민국 서울이 지쳐있던
날이었다. 광활하리만큼 개방되어 있는 1층 로비로 들어서서
잠시 심호흡을 한다. 카메라의 셔터를 눌렀다. 화면이 뿌옇
다. 엘리베이터를 지나오는 잠깐 사이 온도차가 만들어낸 현
상이다. 무더위가 모든 생활에 영향을 미치고 있다. 인간이
자연의 일부임을 확인하는 순간이기도 하다. 지하에서 올라
온 엘리베이터에서 이어지는 메인 홀 공간 중에서 압도적으

로 들어오는 첫 번째 요소는 거대 스케일의 열주랑이 있는 공간이다. 장식 없이 단지 거대한 원형 기둥들의 배열일 뿐인데 주변의 얇은 수직 요소와의 대조로 중세 건축물의 오더나 한국 궁궐건축의 열주가 있는 공간으로 착각되며 클래식한 느낌을 갖게 되는 구조물이다. 전통의 요소를 현대적으로 해석하고 주변의 점포들과 메인의 광할한 홀을 구분하면서도 완충시키는 구조체이면서 지하에서 올라와 처음으로 만나는 공간에 강한 인상을 주기 위해 계획된 것으로 보인다. 미리 섭외한 홍보실 담당자와 해설자와 함께 건물투어를 시작했다. 1층과 2층의 일부공간은 누구나 자유롭게 이용할 수 있도록 개방되어 있다. 용산구의 새롭게 개발된 비지니스 블록에 위치한 이 건물은 번잡한 도심의 풍경을 새롭게 바꿔놓고 있다. 이 건물의 동쪽에는 공원 등으로 개발 예정인 용산 미군기지가 있고, 이 블록을 지나 서쪽으로는 용산역 인근 상업시설지구가 있으며, 그 너머엔 용산 전자상가가 이어진다. 남쪽으로는 한강이 있고, 북쪽으로는 남산이 있는 위치이다.

인근의 다양한 형태를 한 근대에 지어진 저층건물 군들의 블록을 지나 사거리에 접어들게 되면 거대한 현대식 건물들이 군집해 있는 모습이다. 그 중에서도 육면체의 매스에 구멍이 뻥 뚫린 형태의 이 건물의 거대함으로 인해 주변 건물들이 작게만

느껴진다. 혼잡한 대로 건너편에는 비슷한 높이의 최신형 아파트 단지가 재건축되어 자리하고 있다. 거대 박스에 뚫린 사각의 구멍은 건물 내 공원이 위치하는 곳으로 주변 공원 뷰와 남산 뷰, 도심 뷰를 수평으로 연결하면서 1층에 넓게 계획된 아트리움까지 수직으로 자연의 빛을 유입시키는 역할을 한다.

데이비드 치퍼필드의 건축에서는 미니멀리즘 건축가라는 칭호처럼 수직과 수평의 요소가 적절하게 조율되어 부재의 두께나 색상, 간격이 미묘하게 조정되어 섬세한 건축이 되도록 나타나고 있다. 치퍼필드는 "섬세한 건축Fine Architecture이 평범한 것들과 관계를 맺는 것에 관심이 많다."고 말하고, 또한 "기둥을 통해 건축을 배경으로 만든다."라고 말한다. 그런 조율의 결과로 그의 건축은 풍부하면서도 강한 건축으로 나타난다. 아모레퍼시픽 사옥 역시 수직의 기둥 요소만을 반복하지만 그 기둥을 다양한 각도로 배치하여 건물의 외피를 완성할 뿐만 아니라 다양한 각도에 의해 보는 방향마다 다른 결과를 만들어 낸다.

1956년부터 사용되던 부지에 2010년 설계를 시작하여 2014년 착공한 이 건물은 공사비 5,355억 원, 연면적 5만 7,201평 규모로 서울시의 정책적 기조가 세계적인 트랜드이기도 한 도시재생으로 바뀌는 시점과 맞물려 2018년에 준공되었다. 이전까지의 서울시의 발전 방향은 큰 랜드마크를 세워 서울의 이미지를 바꾸는 데 있었다면 현 서울시는 낙후된 지역을 재생하는 방식을 적용해 새로운 공간을 만들어 나가며 시민들에게 제공하는 것으로 바뀌었다. 이러한 예로 서울시는 오페라하우스 안에서 시민들이 쓸 수 있는 공간으로 재설계한 노들섬 프로젝트와 '서울로 7017' 같은 프로젝트들을 진행하고 있다.

지하 7층, 지상 22층 규모의 아모레퍼시픽그룹 신사옥 건물은 단순하고 명확한 형상을 만드는 데 초점을 맞추되, 자연의 통풍과 채광을 최대화하기 위해 세 개의 중정을 중심으로 개구부를 통해 주변환경과 연결하였다. 세 개의 중정은 공원을 향한 5층 공중정원, 도시를 향한 대로변 쪽 11층 중정, 그리

5층 단풍나무가 조성된 공중정원

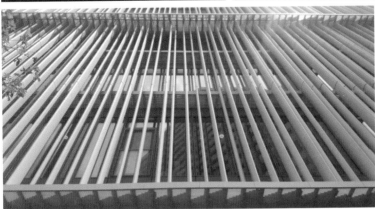

다양한 크기와 각도의
알루미늄 루버 핀

고 남산의 경관을 향한 17층 중정이 그것이다. 이 정원이 위치한 개구부는 '공중정원'으로 설계되어 건물 주변을 둘러싼 공원이 건물 내부로 스며들게 한다. 1층의 개방형 아트리움은 지역사회인들과의 소통의 공간인 반면 상층부의 중정들은 공중정원으로써 건물 사용자들의 휴식공간이다.

건물 전체를 둘러싼 다양한 크기의 알루미늄 루버 핀 2만 1,500개는 차양판의 기능을 하며, 볕을 가리고 열기를 감소시키는 역할을 한다. 다양한 크기와 각기 다른 각도의 알루미늄 루버 핀을 부착하여 건물에 일관된 표정과 강렬하면서도 개방적이고 날렵한 인상을 만들고 있다. 이로 인해 단순한 형태의 기하학적인 박스형 건축물은 보는 각도에 따라 시시각각 명암이 달라지며 역동성을 드러낸다.

건축물 중앙의 내부에 위치한 1층에서 지상 3층을 개방한 공공 아트리움 로비는 지역사회와 소통을 추구하는 공용문화공간의 역할을 하기 위해 외부인의 출입이 자유롭다. 건물의 내부마감은 모두 매끄럽게 처리된 회색의 콘크리트를 노출시켜 현대적이고 심플한 분위기를 만들고 있다. 1층 로비홀 주변으로 외부인들이 이용 가능한 공간들이 배치되었다. 미술전시 도록 전문도서관과 오설록 1979, 그리고 이 기업 관련 프로젝트에 참여했던 건축가의 작품을 전시하는 소형 전시홀과

1층 공공 아트리움 로비

2층 강당

미술전시 도록 전문 도서관

2층 카페

2층 높이의 필로티를 적용하여 굵은 열주들이 정렬해 있어
궁전을 거니는 듯한 개방감을 준다.

사각형의 건물을 중심으로 공원, 도심 축, 한강,
남산을 형상화한 안내 SIGN

5층 직원식당

아모레퍼시픽 미술관이 1층에 자리한다. 아모레퍼시픽 미술
관 입구는 1층 북문 쪽에 있는데, 지하 1층으로 연결되어 미술
관을 이루고 있다. 1층 아트리움 홀의 와플형 천장을 통해 빛
이 투과해 비추는 그 위가 바로 5층 공중정원에 있는 유리 위
수공간의 수면이다. 공중정원 수공간의 물의 일렁임이 자연
의 빛을 통해 1층 내부의 와플형 천장 사이로 비춘다.

미술관으로 연결되는 북측 남산 방향 마운틴 게이트 · 1층 아모레퍼시픽 미술관 홀

   2, 3층에는 강당, 어린이집, 스토어 등의 기타 부대시설이 위치한다. 4층은 기계실이다. 5층은 직원들을 위한 다양한 복지 공간들로, 부러움을 자아내는 규모와 환경으로 조성된 식당과 피트니스, 마사지실 및 수유실 등으로 구성된다. 6층부터 22층까지가 오피스 공간이다.

1층 미술관 스토어

지하 1층 미술관 입구

    공중정원을 둘러보며 압도된 상태에서 1층 아트리움에서 지하 1층 미술관으로 들어섰다. 기대 이상의 흥미로운 인터렉티브 작품들이 어린이를 동반한 가족들과 연인들을 비롯한 다양한 관람객들에게 문화적 향기를 충분히 전해주고 있다.

지하1층 미술관 내 전시실을 향해 난 경사로 　　　　인터렉티브 아트

　　구도심 용산에 랜드마크 역할을 하게 된 아모레퍼시픽 신
사옥에 마련된 1층 아트리움과 미술관은 지역주민과의 소통
공간으로서 지역의 새로운 문화공간으로 자리잡게 되길 기

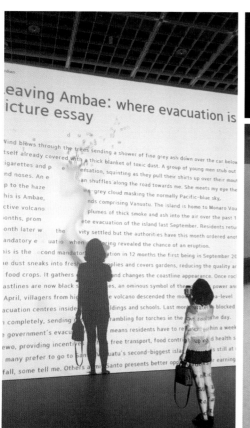

인터렉티브 아트를 즐기는 관람객

대해본다. 기업의 사회적 책임이 지속적이고 적극적으로 실현되어 문화의 환기창 같은 역할로 거듭나기를 바란다.

서울대학교 미술관

대지와 건축의 만남

상호연속과 보이드에 의한 공간의 통합이 만드는 이벤트 공간

| 렘 콜하스Rem Koolhaas

〈서울대학교 미술관Mo A, Museum of Art Seoul National University〉은 1995
년 서울대학교 박물관 내 현대미술부의 미술관 건립 건의안
이 제출되면서 같은 해 삼성문화재단으로부터 건립 기증 협
찬을 협약받아 교문 옆에 미술관 건립지가 결정되었다. 1996
년 삼성문화재단 관계자와 네델란드 출신의 세계적 건축가
렘 콜하스Rem Koolhaas의 건립지 답사로부터 시작하여 IMF 등
여러 가지 사정으로 인해 세 번째 제안서의 수직적인 설계안
으로 확정되는 긴 과정을 거쳤다. 2003년 8월 30일 공사가 시
작되어 2005년 7월 미술관 건물이 완공되었다. 2006년 6월 8
일 '현대미술로의 초대'라는 제목의 개관전을 시작으로 교육
과 전시, 공연과 영화상영이 활발하게 진행되고 있다. 공간의
활용성을 높이기 위해 기둥 없이 중앙부에서 건물을 지지하
는 철골트러스 구조로 설계되었다. 렘 콜하스는 2004년 개관

한 〈리움미술관〉에도 참여한 건축가이며, 2018년 1월 삼성역 근처 제네시스 쇼룸 설계도 그의 최근 국내 작업이다.

미술관은 교문을 들어서서 좌측 언덕 위에 자리해 있다. 미술관을 향해 가는 완만한 경사지에는 낮은 금속조각 작품들이 지면에 누운 듯 대지를 장식하며 펼쳐져 있다. 조각상 너머 언덕위로 하늘을 향해 고개를 든 형상의 미술관이 보인다. 언덕 지형을 이용하여 공중에 떠 있는 거대한 조각 작품을 연상시키는 이 건물에 진입하는 방식은 두 가지이다. 관람객들은 정문에서 대로를 통해 언덕길로 진입하거나, 정문에서 측면에 난 오솔길로 들어올 수 있다. 만약 오솔길을 통해 진입한다면 건물 전면에 난 외부계단을 올라 와 미술관 정문으로 들어갈 수 있다.

불투명한 U-Glass를 외부마감재로 하여 철골트러스 구조가 드러나게 설계한 미술관 건물은 주출입구가 있는 외부공간 아래를 기울어진 사선으로 매스를 잘라내고 넓게 비우는 처마처럼 내민 경사 천장 구조 공간을 형성하고 있다. 알루미늄패널면의 이 공간은 그림자를 드리워 휴식과 통행 공간을 제공한다. 이러한 길게 내민 처마 아래 같은 공간은 건물 반대쪽 낮은 지형 아래쪽에서 한번 더 볼 수 있는데, 이는 지형을

적극적으로 활용하여 외부계단과 경사로로 연결하며 이 미술
관의 하일라이트와도 같은 공간들을 외부와 내부에서 만들어
낸다. 자세히 보면 내부 미디어 라운지와 렉쳐 홀의 계단형 구
조 때문에 매스의 하단이 기울어진 모습을 갖는 것인데 그 효
과가 절묘하다. 미술관 디자인은 캠퍼스와 지역커뮤니티 간
의 관계를 연결시켜주는 것에서 시작되었다. 이 연결고리가
서울대학교 미술관의 형태를 결정짓는 요소가 되었다. 직육

면체의 건물 매스를 지형과 기능에 맞춰 경사지게 자르고, 이렇게 확보된 공간을 통해 지역사회와 캠퍼스 사이에 보행자 통로를 생성시키는 것이 그것이다.

미술관 진입부 우측의 정돈된 유리 난간 너머에는 지면 아래로 깊게 파인 썬큰의 공간을 조성하여 한국 추상조각의 개척자로 평가받는 최만린의 동합금을 이용한 금속 조형물을 배치하였다. 이 공간은 지하공간에 자연 채광을 제공하면서 진입부에 또 하나의 볼거리를 제공하고 있다.

개관 시간 이전 미술관에 도착하니, 처마 아래 대청마루 인 듯한 휴식공간에서는 관악산 정상이 한눈에 들어오고 한적함과 여유로움이 느껴진다.

건물 왼쪽, 넓고 길게 뻗은 계단 공간은 경사 지붕과 높게 차단된 우측의 건물 벽에 둘러싸여 있는 반면, 계단 좌측은 자연을 향해 시야를 열어 수목과 아침 햇살을 보여준다. 통행만을 위한 계단이라기보다 뭔가 높은 곳에서 저 아래를 향해 행진이라도 하는 느낌을 갖게 하면서 펼쳐진다. 웅장한 느낌을 안고 겅중겅중 걸어 내려가다 중간 계단참에 서서 뒤돌아 보면 사선으로 잘라낸 매스 하부와 기울어진 계단천장 그리고 지면이 만드는 틈 사이로 멀리 관악산 봉우리와 능선이 절묘하게 프레임 안으로 맞아 떨어진다.

내려가야 한다는 목적보다 공간을 즐기는 느낌을 만들고 있는 이 계단은 일상적인 통로로서의 기능 공간인 계단의 지루함과는 거리가 먼 재미를 부여한다. 이 계단 공간은 건축가 렘 콜하스가 슬라이스 커넥션 개념을 도입하여 학교 외부의 지역사회와 캠퍼스 내부를 이어주는 동선을 만들어주기 위해 계획된 곳이다.

직선의 긴 계단 막다른 곳에 도달하면 뿌옇게 명암 대비로 인해 잠시 공간이 읽히지가 않는다. 어둡다. 갑자기 나타난 넓은 공간에서 원시성을 느끼게 된다. 그 독특함이 놀랍다. 이곳이 바로 또 다른 내밀어진 처마와도 같은 경사천장만으로 이루어지는 공간으로, 저 오른쪽 대각선 끝을 향해 거대한 천장판이 바닥을 향해 곤두박질치듯 낮아지고 있다. 육면체 하부를 제거하는 방식에 반전이 적용되었다. 이번에는 건물 쪽을 높이고 건물 끝 쪽을 낮게 하는 경사를 적용하며 마치 동굴속에 있는 느낌의 공간을 구현했다.

이쪽 벽을 제외한 맞은편 3면은 모두 나무숲으로, 자연의 요소들로 둘러싸여 있다. 공기가 계단 위와는 확연히 다르다. 지하동굴처럼 선선하다. 밝았던 계단실과 상반되게 갑자기 어두워져 조용하고 고요하기만 한 시간을 만들어낸다. 자연의 빛만으로 이런 시퀀스를 만들어내는 건축가 렘 콜하스의 천재성이 감탄스럽다. 구조를 지탱하는 기둥마저 없는 평평한 경사천장면 하나로 만들어낸 공간이다. 단순하고 거대한 천장판이 무겁게 지면을 향해 사선으로 내려앉아 있는 이곳은 경험해보지 못했던 새로운 공간을 만들어 아늑하면서도

뭔가 불안감이 같이 한다. 동굴이 인간의 자궁 속 기억처럼 원초적 공간이라고 한다면 바로 이곳이 건축으로 만들어낼 수 있는 그런 공간이다.

지면은 경사지를 따라 지형을 살려 레벨을 낮추며, 자연석 무더기들이 적층되어 다양한 질감의 향연을 펼친다. 경사면을 이루는 거대 스케일의 매끄러운 천장판은 현대의 건축 기술력을 보여준다. 원시성이 읽혀지는 자연석 더미, 자연 그대로인 흙바닥, 그리고 건물 반대편은 울창한 숲으로 둘러싸여 숲내음으로부터 흙냄새까지, 그리고 나무판재 곡면의 파티션마저도 조화를 이루며 앞으로 나아간다. 그 너머 녹색의 나무는 수직이며 생명을 이어가고 있다.

렘 콜하스의 건축 특성 중 연속면에 의한 공간 조직 방법이 보이는 이 장소는 도시와 공간이 하나로 연속되는 공간이기도 하다. 이런 연속된 공간으로 인해 내외부의 구분이 뚜렷이 되지 않은 채 상호 커뮤니케이션이 되는 공간이 된다. 이곳에서 대지와 내부 공간이 상호 연속적인 관계를 가지게 된다. 이어지는 산책로는 산 언덕 쪽으로, 그리고 정문 쪽으로 연결된다.

전시장 내부 관람을 마친 후 이곳을 다시 찾았을 때는 야외 카페가 운영 중이었고, 미술관 주변의 순환되는 경사로를 따라 아이들이 뱅뱅 돌며 즐거워하고 있었다.

건축가는 이러한 보이드에 의한 공간을 만들어 보이드된 공간을 형태로 보고, 이 비어 있는 장소로 하여금 불특정 다수의 사람들에게 열려 있는 상황을 제공하여 사람들이 공간을 통합하는 하나의 요소로써 작용하게 한다.

커피 마시는 불특정 다수 중 하나가 되어 건축가가 생각하는 새로운 이벤트 공간을 만드는 데 동참해 본다. 고양이와 함께 산책 나온 젊은이, 주말임에도 이 장소 옆으로 난 산책로를 지나 캠퍼스로 들어가는 학생들, 지역주민일 듯한 주부 그룹, 뛰어노는 어린이들, 이들이 오전 일찍 이 장소를 만들어가고 있다. 이곳 커피 맛이 좋다.

　　정문 쪽을 향해서 난 오솔길에서부터 도보로의 진입이 이
루어진다. 미술관은 교문 옆 가까이에 자리잡아 대학과 지역
사회를 연결시켜주는 매개 역할을 하고 있다.

　　계단으로 내려왔던 이 장소에서 건물 좌측에 있는 경사진
슬로프를 통해 전시장 입구와 다시 만나게 된다. 아이들도 이
렇게 연결된 공간 구성을 파악하고 공간을 놀이의 장소로 이
용하는 것이다.

미술관의 외부 공간은 주출입구 쪽 광장, 카페 쪽 동굴광장, 전면 계단, 후면 경사로 이렇게 네 공간으로 구성된다. 모두 언덕 지형을 이용한 천장이 기울어진 공간으로 서로 연결되고 건물 내부와도 관계된다. 뿐만 아니라 또 다른 확장된 외부인 캠퍼스 쪽으로, 그리고 정문 쪽 지역사회로 확장된다.

주출입구를 통해 전시장 내부로 진입하면 거대한 동물 조각 작품을 시작으로 '미술관 동물원 전'이 전관에서 진행되고 있다.

인포메이션 데스크 좌측 전시 공간은 지하부터 지상까지 중앙을 보이드 공간으로 처리하여 통합된 개방감과 확장감을 보여주는 것이 특징이다. 로비 공간과 전시 공간을 구획하는 벽에 투명유리를 사용하여 공간의 확장과 통합을 구현하고 있다.

내부로 들어서는 순간 전시실 거의 전체가 한눈에 들어온다. 그 내부는 환상적으로 환하기만 하다. 좌측과 뒷쪽 벽 두 벽을 모두 간접조명으로 채웠다. 그리고 천장에서 빛이 떨어진다. 넓게 낸 천창을 통해 입사되는 간접광으로 전시실 내부는 하나로 통합되며 밝다. 한눈에 광활한 공간이 드러나며 외

부의 솔리드한 매스들에서 받은 무겁고 장중한 느낌이 한순간 사라진다. 가벼운 느낌의 공간으로 반전이다. 그 안 나선형 계단이 보기 드문 스케일로 지하로부터 지상까지 연결되며 다양성으로 드러난다. 텅 빈 환한 공간에 군더더기 없이 계단만 보이는 공간이다. 최근 렘 콜하스가 설계하여 오픈한 삼성역 근처의 제네시스 쇼룸 역시 화이트와 조명으로 분위기를 만들었다.

잠시 렘 콜하스 건축 공간의 배경을 살펴 보자. 1930년대 공간이라는 어휘는 건축계의 3대 거장으로 불리는 미스 반 데어 로에Mies van der Rohe에 의해 사용되기 시작했다. 그후 1950년에서 1970년대 건축계에서는 건축의 언어학적 모델, 즉 건축을 개념으로 환원하고

마음의 소산으로 만들려는 경향을 보였으며, 작품의 이미지를 과장하는 70년대 후반을 지나, 1980년대의 포스트모던 건축 시기를 거친다. 이후 언어학적 모델에 대한 반발로 인해 베르나르 추미Bernard Tschumi는 공간에 대한 지속적인 관심을 피력하며 공간은 개념이면서 실제로 체험되는 어떤 것, 즉 개념과 체험이 하나로 합쳐지는 곳에 즐거움이 있다는 생각을 주장하였는데, 이 흐름에 서울대학교 미술관을 설계한 네덜란드 건축가 렘 콜하스가 있다.

혁신적인 시도를 모색하는 네오아방가르드 건축가로 불리고 있는 렘 콜하스는 공간의 구축에 있어서 보이드라는 요소를 크게 부각시키는 특성을 보인다. 프로젝트에서 제시된 프로그램을 공간적으로 재해석하는 공간 조직 방식을 통해 물질로 드러내는 공간 구축 방식을 살펴보면, 출발점은 현대 도시를 불확정적인 특성으로 정의하고 새롭게 재해석하여 불확정적인 요소들이 건축으로 형상화될 때 불명확한 전체 자체가 체계로 작용하는 개념이 기저를 형성하고 있다. 이것은 렘 콜하스가 추구하는 자유로움의 목적이 기존의 질서체계를 부여하기보다 기존 질서체계로는 얻을 수 없는 새로운 공간을 창출하려 하는 것인데, 이것을 바탕으로 공간을 조직하는 방식은 크게 공간을 비우는 보이드, 다이어그램, 프로그램, 연속면과 같은 네 가지 방식을 사용한다.

도시를 새롭게 해석한다는 것은 불확정적인 도시를 공간 화하는 방법으로 프로그램에 대한 새로운 해석으로부터 시작 하여 프로그램을 통합하는 과정으로 공간을 새롭게 해석하여 통합된 전체는 다시 세부 공간으로 분절되어 각각 독립 공간 을 획득한다. 이러한 방법으로 공간의 변화 가능성을 수용하 게 되는 것이다.

보이드에 의한 공간 조직 방법은 보이드 자체를 하나의 형 태로 보고 비어 있는 장소로 하여금 불특정 다수의 사람들에 게 열려 있는 상황과 함께 공간을 통합하는 하나의 요소로써 작용하게 한다.

프로그램에 의한 공간 조직 방법은 최초 제시된 프로그램 을 도시적 관점에서 새롭게 해석하고 통합하여 체계를 만들 고 통합된 체계를 불확정성 건축에 반영하여 프로그램을 새 롭게 단절시켜 나가는 방식을 사용한다.

렘 콜하스의 다이어그램에 의한 공간 조직 방법은 뉴욕 마 천루의 단면 해석을 통해 알 수 있다. 각 층은 적층되어 있고 서로 독립적으로 분리되어 있으나 하나의 통합된 건축물이라 할 수 있게 만드는 것이다. 즉, 각 층과 전체 건물과의 독립적 이면서도 상호 통합된 관계는 현대적 상황을 말하고 있다.

연속면에 의한 공간 조직 방법은 도시와 공간이 하나로 연속되는 공간을 말하는 것으로, 이런 연속된 공간으로 인해 내외부의 구분이 뚜렷이 되지 않은 채 상호 커뮤니케이션이 되는 공간이며, 이것은 대지와 내부 공간이 상호 연속적인 관계를 가지며 나타난다.

공간이 조직된 결과를 보면 공간 조직은 적층된 프로그램과 동선을 연결하는 시스템이다. 적층된 평면은 주변의 요소들에 의해 프로그램이 배치되며, 공용 공간인 계단이나 램프를 통해 분리되어 있던 프로그램을 통합시킨다. 이렇게 통합된 공간은 새로운 이벤트 형태로 나타나게 된다.

건축물은 보이드라는 요소와 공간의 내부화를 보여줌으로써 불확정적인 공간과 함께 새로운 방법론으로 발전되고 있다. 이것은 질서로부터의 자유로움을 나타낸다고 할 수 있으며, 체계적으로 정리된 공간 속에서 연속적으로 연결되는 동선이나 유기적인 형태로 보이드를 삽입하는 방법을 택하여 공간이 기존의 질서체계에서는 얻을 수 없는 새로운 공간을 형성하는 새로운 유형의 건축을 실현하고 있다.

이런 맥락을 생각하면서 이제 다시 전시장 내부 나머지를 살펴본다.

지상 3층, 지하 3층, 연면적 1,357평의 미술관 내부는 중앙의 중앙의 나선형 통로와 측면 두 곳의 통로를 통해 서로 다른 기능의 공간들이 자연스럽게 연결되는 유동적 성격을 띠고 있으며, 각각의 공간사이의 출입문을 두지 않아 전시실과 렉처홀, 오디토리엄, 미디어 라운지 내부가 유기적으로 연결되어 국내에서는 보기 드문 개방형 문화공간의 성격을 띠고 있다. 개방된 대형 전시홀 벽면을 따라 난 나선형 통로를 통해 층간의 수직 동선을 연결하고 장축 측면 두 곳의 계단실 통로를 통해 수평 동선을 해결하며 서로 다른 기능의 공간들이 자연스럽게 연결되는, 모든 공간들에는 문 없이 열려 있는 유동적 성격을 띠고 있다. 중앙에 위치하며 전층이 개방되어 있는 전시홀을 중심으로 장축 양 끝 쪽에 미디어홀과 강연홀이 자리하고 장축을 전시홀 바깥으로 연결하는 계단실로 감싸듯 연결하는 공간 구성이다. 이렇게 흐르듯 자연스럽게 연결된 동선을 따라 전시물들을 감상하게 된다. 마치 프랭크 로이드 라이트가 설계하여 뉴욕의 주요 관광 명소가 된 원형의 구겐하임미술관의 직선버전처럼 모던함으로 돋보인다. 우리나라에도 뮤지엄 소장품과 전시 수준이 세계에 알려져 내국인은 물론 해외 관광객들이 찾는 여행지가 되기를 소망해 본다.

전시장 내부에는 렘 콜하스의 비우는 작업인 보이드 개념과 공간이 체계적으로 정리된 공간 속에서 연속적으로 연결되는 동선이나 유기적인 형태로 보이드를 삽입하는 방법을 택하여 공간이 기존의 질서체계에서는 얻을 수 없는 새로운 공간을 형성하는 새로운 유형의 건축을 실현하고 있는 것을 확인할 수 있다. 각각의 공간 사이에 출입문을 두지 않아 전시실과 렉처홀, 오디토리엄, 미디어라운지, 카페 등 내부가 유기적으로 연결되어 국내에서는 보기 드문 개방형 문화공간의 성격을 띠고 있다.

천창을 통해 들어오는 자연광이 이색적인 통합된 공간에서, 전시물들을 따라 관람하면서 건축물 외부에서 보이던 철골트러스 구조의 형상을 패턴으로 한 벽면을 따라 경사로를 내려가면 미디어라운지가 나타난다. 이 공간은 주출입구 쪽 외부에서 보았던 매스를 사선으로 잘라 비워둔 처마 아래 부분의 내부 공간이다. 측면 두 곳의 통로를 통해 서로 다른 기능 공간으로 연결되어 있다. 영상을 상영하는 스크린 쪽과 경사를 이루는 객석 뒷면의 천창을 통해 들어오는 자연광으로 인해 하나의 공간 안에서 강한 명암의 대비가 이색적이다. 산책로처럼 지그재그의 경사로가 무대 쪽으로 연결되어 있어 다른 공간으로 이동하는 계단 공간으로 또 다시 연결된다.

내부에서 미디어라운지 진입 경사로가 되는 외부 주출입구 캔틸레바형 경사천장

측면 두 곳의 통로를 통해 서로 다른 기능 공간으로 연결된 미디어라운지 진입부

경사면의 미디어홀 내부로 입사하는 자연광

외부에서 보이는 사선의 형태가 통합적으로 적용된 미디어
라운지 내부 전경

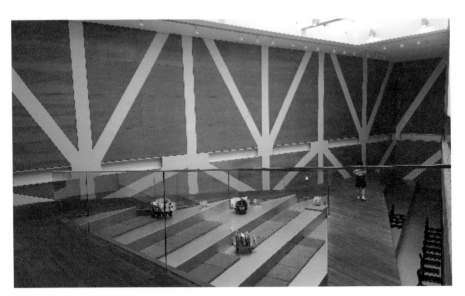

외부 파사드에서 보이던 사선의 경사각이 적용된 미디어라운지 경사로

계단실에서 보이는 미디어라운지

외부에서 보이는 트러스 구조의 사선 형태가 통합적으로
적용된 미디어라운지 내부에 사각의 천창을 두어 부드럽게
입사하는 자연광이 공간을 감싼다. 경사로를 따라 산책하듯
홀을 지그재그로 관통하여 내려가면 대각선 위치에 도달하게
된다. 계단 공간이다.

계단 공간 양측 벽에 낸 디자인된 창을 통해 전시홀 내부가
보이고 외부 쪽 벽 창을 통해서는 캠퍼스 경관이 보인다. 이
계단실 아래도 역시 어린이들이 활발하게 놀이하던 외부 계

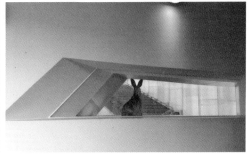

계단실 벽 창을 통해 보이는 캠퍼스 경관   계단실 벽 창을 통해 보이는 전시홀

단실이다.

　이 계단 통로를 통과하면 상대적으로 단조롭게 정돈된 렉처홀로 연결된다. 미디어라운지와 계단 공간 그리고 렉처홀은 유기적으로 연결되고, 이 공간들 역시 구획하는 별도의 문은 없다. 렉처홀의 자연채광은 측면 창을 통해 확보된다. 이 공간 아래가 바로 거대하게 오픈된 동굴과도 같았던 커피숍이 있는 외부 공간이다.

양쪽 끝에 위치한 이벤트홀들을 거쳐 다시 안내데스크가 있는 로비로 나온다. 동선이 겹치던 아기와 아빠를 다시 만났다.

〈서울대학교 미술관〉은 국내에서는 처음으로 건립된 대학 미술관으로 네델란드 건축가 렘 콜하스의 설계로 삼성그룹이 서울대학교에 기부했다. Part 03에 있는 동경대학교의 다이와 유비쿼터스 연구동 또한 2014년 기업에서 후원하여 지어졌지만 설계 건축가가 일본 자국민인 쿠마 겐코였다는 점을 생각하면 우리로서는 아쉬운 점이다. 관악산 자락 캠퍼스 안 답사지로도 유명한 자연 속의 〈서울대학교 미술관〉은 현존하는 세계적 건축가 렘 콜하스의 공간의 독립성과 상호 통합의 이벤트 공간이 어떻게 구현되고 있는지를 확연하게 보여주고 있는 미술관이다.

가나아트센터

볼륨과 면의 기하학적 단순미

| 장-미쉘 빌모트Jean-Michel Wilmotte

2000년대 이후 세계적인 건축가들의 국내 활동이 늘어가고
있다. 2002년 프랑스 건축가 뱅상 코르뉘Vincent Cornu가 설계한
〈대림미술관〉을 시작으로, 2004년 마리오 보타Mario Botta, 장
누벨Jean Nouvel, 렘 콜하스Rem Koolhaas가 설계한 〈리움미술관〉,

이질 재료의 구성과 통합, 볼륨의 비례와 구성, 면의 막힘과 트임으로 구성된 기하학적 단순미가 돋보이는 외관

〈가나아트센터〉와 나란히 있는 〈서울옥션하우스〉

2005년 렘 콜하스의 〈서울대학교미술관〉, 2008년 도미니크 페로Dominique Perrault의 〈이화캠퍼스복합단지〉, 2012년 안도 다다오Ando Tadao의 〈본태박물관〉, 2013년 안도 다다오의 〈뮤지엄산〉, 2014년 자하 하디드Zaha Hadid의 〈동대문 디자인플라자〉, 2018년 데이비드 치퍼필드David Chipperfield의 〈아모레퍼시픽 신사옥〉, 그리고 이화캠퍼스복합단지를 설계한 도미니크 페로의 설계 안으로 결정된 코엑스 건너편 한전부지 〈영동대로 복합환승센터〉 개발까지, 미술관 등의 전시공간뿐 아니라 주택 및 기업 사옥을 비롯하여 대규모 도시개발에 이르기까지 세계적인 건축가들의 행보가 이어지고 있다. 이러한 작품들이 지역의 새로운 랜드마크로 부상되면서 국내 건축문화 발전에 지대한 영향을 주고 있다.

여기서는 단발성으로 그치는 것에 머물지 않고 국내에서

카페 '더 피아노'의 실내 공간 모습

카페 '더 피아노'의 실외 공간 모습

꾸준한 활동을 펼쳐온 프랑스 건축가이자 실내디자이너인 장-미쉘 빌모트Jean-Michel Wilmotte가 설계한 평창동 〈가나아트센터〉 공간을 살펴보기로 한다.

1983년에 국내 최초의 민간 화랑으로 문을 연 이호재 서울옥션 회장의 '가나화랑'이 1988년 9월 평창동에 현재의 〈가나아트센터〉로 준공되었다. 이후 2018년 〈가나아트한남〉이 용산 사운즈 한남 복합문화공간에 개관하여 한남동 시대를 열어가고 있다. 가나아트센터는 연면적 850평, 지상 3층, 지하 2층 규모로 전시장 3개와 야외 공연장, 레스토랑과 세미나실로 구성된다. 제1전시장은 기념관 성격으로 작가의 작품을 상설전시하고 있으며, 제2, 3전시장은 기획전 위주로 운영된다.

평창동 가나아트센터 맞은편 붉은 벽돌 복층건물은 필자가 첫 직장생활을 시작한 설계사무실이 있던 곳이다. 현재는 카페로 변했고 주변에는 군데군데 화랑과 카페들이 옛 모습과 다르게 군집해있다. 88 올림픽 준비로 호텔과 백화점 설계가 한창이던 시기에 그곳에서 필자는 처음으로 롯데월드 쇼핑몰 설계에 합류하였다. 일본의 노무라 설계가 주관사였고 그 밑에서 수십 장의 손 도면을 그리며 일했던, 열정 하나로 순수했던 시절이 떠오른다. 공간을 확인하고 돌아오는 길에 둘러본 평창동 주택가의 북악산 중턱에서 우연히 발견한 카페 '더 피아노'에서는 자연의 요소들이 실내로 끌어들인 신선한 바람으로, 폭포로, 암벽으로, 초록으로, 푸른 하늘로, 산 아래 원경으로, 그리고 내부를 구성하는 실내구조의 오브제화로 압권을 이루고 있었다.

가나아트센터를 설계한 장—미쉘 빌모트는 도시건축뿐만 아니라 실내디자인, 가구, 조명디자인을 아우르는 총체적 디자이너로 알려져 있다. 백색 건축의 거장으로 불리는 미국 건축가 리차드 마이어Richard Meier는 그를 현대에 살고 있는 르네상스 인이라 부른다. 장르와 영역을 자유롭게 넘나들며 새로운 창의적 에너지를 만들어내는 융합형 창작자라는 의미일 것이다. 프랑스에서는 루브르 박물관 내부와 샹젤리제 거리의 도시 디자인 등을 작업한 다방면의 건축가이며, 국내에서는 〈가나아트센터〉를 비롯하여 그 아래 나란히 강한 대비를 이루며 자리한 〈서울옥션하우스〉, 〈인사아트센터〉, 2014년 완공한 〈대전예술가의 집〉 등을 작업하였다. 또한 인천국제공항의 실내디자인을 진행하는 등 다양한 작품활동을 하였다. 2006년에는 홍익대학교 건축대학 초대학장으로 활동하며 한국과 프랑스의 건축 가교 역할을 하였다.

빌모트는 1948년 프랑스 북쪽 가장 오래된 도시 중 하나에 해당하는 피카르디시 근교에서 태어나 에콜 카몽도 대학에서 실내건축을 전공하였다. 미테랑 대통령 침실, 워싱턴의 프랑스 대사관 등을 디자인하면서 그의 디자인적 역량을 펼쳤으며 루브르 박물관의 실내디자인을 통해 유명해졌다. 1993년 건축학 학위를 받으면서 방송국이나 오페라 극장, 시청사 등의 큰 규모 작업을 시작하여 이후 빌모트 & 어소시에이츠로 디자인 사무소를 꾸리면서 전세계를 무대로 다양한 분야에서 활동하고 있다.

프랑스 디자인은 아르데코의 전통과 도제의 전승 두 흐름을 지니는데, 아르데코 정신은 구상적인 형태에 기하학적 요소를 더해 직선을 강조하는 장식적 효과와 재료에 가치를 부여하여 장엄한 형태를 탈피하려는 것이라 할 수 있다. 그러나 아르데코의 새로운 기술과 기법을 거부하고 전통에 머무르려는 방어적 모습으로 인해 예술가와 디자이너가 중심이 되어 기능적이고 실용적인 예술을 주장하기에 이른다. 이후 프랑스에 전파된 유럽의 기능주의는 쇠퇴하나 점점 도시화되고 대체 에너지에 대한 관심 고조로 디자인은 국제화되어 간다. 다품종 대량생산의 경향이 나타났고 아방가르드의 재활성화에 의해 조형예술의 부활과 수공예에 대한 가치가 재발견되어 실내디자인이 크게 대두되었다.

빌모트는 고전 건축을 개수하는 것으로부터 출발하여 과

거와 현대를 접목하는 자신만의 디자인을 발전시키며 20세기 초 건축가 찰스 레니 매킨토시Charles Rennie Mackintosh와 요제프 호프만Josef Hoffmann 그리고 카를로 스카르파Carlo Scarpa에게 영향을 받는다.

스코틀랜드의 매킨토시는 가구부터 실내디자인을 비롯하여 건축에 이르는 전천후 디자이너 겸 건축가로 고전적인 축을 결합한 장식을 배제한 공간을 선보였다. 미술공예운동과 역사주의, 자연의 형태, 일본문화 등의 영향을 받아 기하학적인 아르누보의 특성을 지니는 공간에서 수평선을 강조하면서 장식 없는 담백한 공간과 단순한 디테일을 통해 새로운 비례 체계를 완성하였다. 또한 수평과 수직을 통한 기하학적인 시스템으로 마감과 구조를 통일하고 직선 요소와 곡선 요소의 대비로 상승작용을 취하는 작업을 하였다.

요제프 호프만은 비엔나 국립미술아카데미에서 교육을 받았지만 이탈리아 여행을 계기로 자유롭고 새로운 형태를 추구하기 시작하였다. 매킨토시의 영향을 받은 건축가이기도 한 호프만은 윤곽선을 통해 세심하게 건축물을 장식하면서 육중한 매스 덩어리가 아닌 면으로 구성된 건축으로 인식되도록 디자인한다. 기하학적인 구성과 축의 설정 그리고 단순미가 돋보이는 디자인이 특징이다. 이외에도 이탈리아 건축가 중 카를로 스카르파의 영향으로 디테일과 공간에 빛의 사용에 대한 영향을 받았다.

장-미쉘 빌모트는 이질 재료의 구성과 통합을 통해 접합부를 강조하는 장식적 디테일과 빛의 양을 풍부하게 받아들여 부드럽게 확산시키는 모서리 창, 이중 파사드 등의 공간 조형 언어를 보여주는 것이 특징이다.

빌모트는 건축의 모습이 실내공간을 결정짓는다고 말하는데, 이는 19세기 건축이념이 현대에도 이어지는 것을 의미한다. 과거와 현재의 교류를 영원한 주제로 여기며, 공간의 맥락성을 표현하려 하였기 때문에 기존의 흔적을 존중하면서 새로운 가치를 가미해 나간다. 과거의 것과 현대의 것의 강렬한 대조를 통해 상반된 시간의 감각을 느낄 수 있도록 하였다. 가나아트센터 사무동 외관의 수평의 목재는 시간의 흔적을 느끼게 하고 매끄러운 백색의 수평 외장재와 질감의 대비를 통해 건축물에 포인트를 주었다. 또한 서울옥션하우스의 청동재 마감과도 대비를 느끼게 하였다.

북한산 자락 경사지에 위치한 가나아트센터는 석회석 계열의 환한 아이보리색이 칠해져 아침 햇빛을 받아 명암의 대조를 부드럽게 보이며 그 자태가 마치 직각 버전의 백자를 보는 듯 하다.

시간의 흔적을 느끼게 하는 사무동 외관의 수평의 목재와 매끄러운 백색의 수평패턴 외장재와의 질감 대비

오르막 진입 시에는 두 개의 벽면과 지붕을 메인 매스에서 떨어뜨리고 그 사이를 어둡게 유리로 처리하여 면들은 가볍게 움직이는 듯 하고 건축물 매스는 공중에 떠 있는 것처럼 부각된다. 반면 내리막 길에는 이중 외피로 인해 상대적으로 가

벼운 느낌으로 흡사 벽면과 지붕 면이 공중에 떠 있는 듯한 형
상을 보인다. 그리드를 이루는 외벽 석회석 타일은 백색의 부
정형 재료이며 겹겹이 층을 이루는 흰색 패널들이 빛과 움직
임에 응답하며 역동적 구성을 만들어낸다. 석회석 계열 아이

메인 도로 쪽 주출입구

보리 외벽을 메인으로 수평의 어두운 목재 루버를 요소요소
에 적용하고 금속과 유리를 재료로 하여 절묘하게 처리했다.
금속은 지붕 루버로, 창틀로, 계단실 오브제들로 나타난다.

　미술관 진입은 2차선 도로지만 차량 통행이 적어 보행로로
느껴질 정도로 한적한 메인 도로에서 목재로 된 계단식 기단
을 거쳐 바로 들어가거나, 언덕 쪽으로 미술관을 지나 야외 공
연장의 대형 계단을 내려와 뒷마당을 통과하여 진입할 수 있
다. 경사지에 위치한 지형의 특성을 살려 한국전통의 마당 같
기도하고 서양의 오디토리엄과도 같은 야외 공연장이 미술관
에 빛의 양을 풍부하게 하는 역할과 함께 완충 공간의 역할을
한다. 외부 공연장에서는 퍼포먼스 등의 공연을 진행하고 있

계단을 통한 건축의 오브제화가 적용된 후면 외관

다. 조각들은 공연장 위쪽 실외에 배치되어 있다.

후면 외부 벽면에는 계단의 구조를 표현한 디자인으로 빌모트의 건축 특성 중 하나인 계단을 통한 오브제화를 표현하고 있는 외부 계단이 있다.

공간 구성은 중정을 중심으로 전시, 판매, 업무 공간으로 나누어 옥외 계단과 나란히 뻗어있는 브리지로 공간을 연결하고 분절하는 한편, 전면의 일부 벽과 특히 마당 쪽 벽을 모두 창문 벽으로 처리하여 각각의 내부 공간마다 자연의 빛을 은은하게 또는 가득 채우며 공간에 활기를 제공한다.

또한 벽과 지붕에 적용한 다양한 비율의 목재와 금속 루버 그리고 창문의 프레임을 통해 수직 수평의 대비를 보여주고 있다.

후면으로 진입하면 뒷마당에서는 석탑부터 시작하여 다양한 시대를 아우르는 조각품들이 있다. 이 중에서 지용호의 '버팔로 돌연변이'가 강렬하게 시선을 끈다.

후면 마당을 통한 진입은 내려다보며 공간을 관장하는 느낌이다. 넓고 밝은 곳에서 은은한 빛이 유입되는 실내로 진입하는 느낌이다. 메인 전시를 보기 전 미술관 주변을 둘러보는

For. Buffalo 1, 지용호, 2012, 폐타이어.
수미상관을 이룬 거대하고 성난 버팔로, 무엇인가 이상하고 비정상적인 것을 뜻하는 돌연변이 생명체를 통해 작가는 인간의 근본적인 이기심이나 욕망에 의해 진리 혹은 진실이 왜곡되는 것과 인간의 양면성 그리고 이로 인해 뒤틀려버린 세상 등을 표현하고자 한다.

여유는 항상 즐겁다. 메인 도로 쪽 주출입구는 짧은 진입 유도 동선이지만, 계단을 올라 로비 진입을 유도하는 계단식 기단 위에 올라서면, 굵직한 집성목 목재바닥으로 된 넓지 않은 매

개 공간이 발코니로 연결되며 금속루버로 된 떠 있는 지붕과 돌출된 매스가 만드는 지붕이 마치 전통한옥의 대문 앞에 서 있는 느낌을 만든다.

안내데스크가 있는 로비는 좌우가 창문벽인데 들어서면 맞은편 마당 쪽에서 비추는 아침의 빛이 로비에 스며들면서 그림자를 통해 공간에 시간성을 부여한다. 투명한 전면창 너머로 마당을 향해 공간은 확장된다. 가나아트센터는 아침에 방문하는 것을 권한다. 아침의 서측 진입부 창에는 블라인드를 모두 내려 빛이 주는 극적 효과가 잘 구현되도록 하고 로비는 강한 직사광선이 만드는 창틀의 그림자가 공간에 활기를 불어 넣는다. 그 결과 백색 실내에 아주 다양한 톤의 변화가 나타나 부드럽고 감각적인 특질이 결합된 명료한 시야를 구축한다.

제1전시실은 안내데스크 뒤로 몇 계단 아래에, 외부에서 보았을 때 뒤쪽 매스 부분에 위치한다. 전시장 내부는 비교적 낮고 아담한 규모다. 창문이 없지만 안쪽 깊숙한 곳에서 뒤돌아 보면 입구에서는 마당 쪽에서 들어오는 아침의 빛이 은은하게 투입되고 있다. 전시장 내부에 있는 계단을 통해 수직으로 위에 있는 2층의 제2전시장으로 연결된다.

방문했을 때는 세 개의 전시장 모두에서 한국 추상 초기 대표 작가 이응로 작가의 '군상' 시리즈가 시대별로 전시되고 있었다.

뒤돌아 본 1전시장 입구 쪽, 마당 쪽에서 들어오는 아침의 은은한 빛

전시실 내부 계단으로 연결되는 제2전시장 전경

"화가의 무기는 그림입니다. 예부터 예술가들은 권력자에 봉사하고, 권력의 노예가 되어 왔지요. 그러나 현대의 진정한 예술가라면 자신의 사상과 철학을 굳게 지키며 민중들 편에 서야 합니다." "나는 그림의 제목을 모두 '평화'라고 붙이고 싶다. 서로 손잡고 같은 율동으로 공생공존을 말하는 그림 아닌가, 그런 민중의 삶이 곧 평화라 본다. 이 사람들이 바로 민중의 소리이고 마음인 것이다."라고 말하는 이응로 화가의 말처럼 예술이 민중들 편이 되고, 민중들이 함께 공생공존하는 평화를 기원해 본다.

동백림 사건으로 옥중에서 밥알을 매일 조금씩 모아서 헌
신문지에 개어서 조각품을 만들었던 군상 시리즈의 모티베이
션이 된 옥중조각 두 점이 함께 전시되고 있었다.

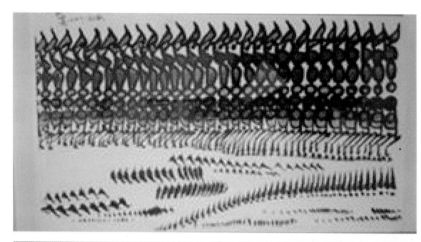

　제1, 2, 3전시장은 각각 1층에 제1전시장, 그리고 제1전시장 내부계단을 통해 2층에 오르면 제2전시장이 있고, 로비홀 상단으로 직교하는 외부의 계단과 수평을 이루는 브리지를 통해 제3전시장으로 연결되는 구성이다.

　브리지 공간은 제3전시실로 들어가는 전실 역할을 하며 엘리베이터나 계단이 아래층과 레스토랑과 전시실을 3층으로 연결한다.

　공간은 압축과 이완을 반복하며 경사지 지형의 특성을 이용한다. 제1전시실은 로비로부터 몇 계단 내려가 있고, 수직으로 위에있는 제2전시장을 나서면 길고 환한 브리지로 된 갤러리 공간이 펼쳐지며 이 공간의 양측에서 자연광이 들어온다.

정면 엘리베이터실과 검은
색 임시 벽이 공간을 나누
는 제3전시실

모서리 창을 통해 부드럽게 확산되는 풍부한 자연의 빛. 전시 중인 수묵화와도 닮았다.

　이어지는 제3전시장은 입구 좌측에 있는 엘리베이터실 매
스 하나가 공간에 강력한 역할을 하게 된다. 암실처럼 차분한
장방형 우측 전시실 벽을 따라 작품을 감상하며 진행하다 보
면 검은색 패널 하나가 서 있다. 그 뒤 넘어에서는 은은하게
좌측에서 빛이 번져 들어온다.

　제3전시장의 막다른 곳에서 좌측으로 꺽어지면 공연 마당
이 보이는 광경을 틀짖는 창문벽이 있다. 그 창을 통해 자연
의 빛이 은은하게 들어오는 것이다. 엘리베이터실 공간과 사
이에 난 이 창문벽을 통해서 외부 계단실에서 사무동으로 연
결되는 복도 공간을 너머 창문벽과 복도의 갤러리 천장으로
걸러진 빛이 복도에서 들어온다. 그 뒤에는 마당과 대형계단
그리고 전통적 수목인 소나무가 식재되어 동양적인 분위기를

제3전시장 막다른 곳의 공연 마당이 보이는 광경을 틀짓는 창문벽

수묵화처럼 자연의 빛이 번져오는 제3전시실

만들어 준다. 또한 깊이 들어온 이곳 실내에서는 대형계단과

소나무가 시야를 막아주기 때문에 하늘이 보일 때의 눈부심

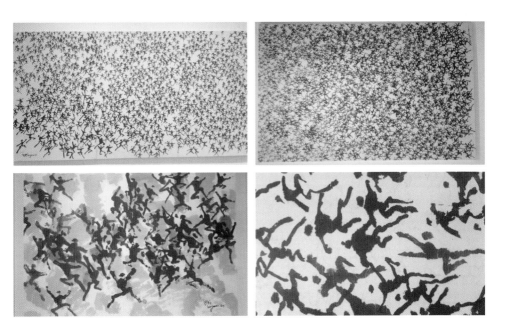

은 줄어든다.

이응노 화가의 말년작에는 색이 사라지고 춤추는 듯한 군상들만이 점점 더 늘어난다. 전시장 실내를 이루는 색상은 제2전시장에서 보이던 갈색마저도 사라지고 흑색과 백색으로만 정리되어 있다. 거기에 자연의 빛만이 시시각각 변하며 다양성을 드러내고 있다.

다시 돌아 나온 갤러리홀에는 3층으로 연결되는 계단이 흰색으로 이어진다. 난간 패널, 강철기둥의 I빔 등은 서양의 클래식한 디테일로 정교함을 보여주며 금속의 오브제처럼 가구식으로 짜여져 직선으로 자리한다.

제3전시실에 빛을 걸러주던 계단실에서 본 사무동 쪽 복도

정교한 금속의 디테일들

　　3층 또한 외부의 계단과 수직을 이루는 브리지를 통해 연
결된다.

3층에는 브리지를 중심으로 대칭을 이루는 오픈된 실내공
간과 외부 데크가 정면과 좌측, 양쪽에 배치되어 있고 브리지
공간 양쪽의 창을 통해 공간은 외부로 확장되며 도시로 확장
된다. 자연광으로 환하게 밝혀져 있다.

3층까지 보이드되어 내려다보이는 안내데스크 로비홀

    양측의 데크 모두 높은 지형에 위치한 미술관의 특성으로 인해 평창동 일대의 아름다운 모습을 조망할 수 있다. 이 데크들이 주는 광경을 놓치지 말길 바란다.

74년생 젊은 조각가 이환권의 '늘어진 소녀상'과 평창동 전경이 내려다 보이는 3층 발코니 전망

74년생 젊은 조각가 이환권의 '늘어진 소녀상'이 깜짝 놀라게 한다. 소녀상도 깜짝 놀란 표정을 하고 있다. 위트있는 즐거운 경험이랄까. 3층 발코니를 나가면 평창동 전경을 틀짓는 발코니 난간과 내밀어진 지붕이 그늘을 제공하고 있다.

1층 주출입구 옆 발코니에서 본 북악산 전망

엘리베이터를 타고 내려온 1층에는 미슐랭 가이드에 소개
된 한국 전통음식점이 있다. 이 음식점에는 아름다운 제주의
자연을 예찬하는 이왈종 화가의 작품이 함께하고 있다. 일상에
쫓기는 삶이지만 언젠가 휴일 아침 일찍 미술관을 찾아 작품들
과 함께 한적한 여유를 즐기는 기회가 있기를 기원해 본다.

사무동 로비에 배치된 조형작품

　사무동 화장실에 있는 착시효과를 이용한 독특한 간접조명
창은 재미를 더해준다.

제주에서 떠나는
미술관 건축 여행 _7곳

핀크스 퍼블릭, 멤버스 골프클럽 하우스 /
포도호텔

건축 거장들의 자연과 건축과 예술의 만남

명상으로 이어지는 시간

| 이타미 준Itami Jun

해외로 나가야만 이국적인 정서와 경치를 즐길 수 있는 것은
아니다. 이국적이면서도 편하게 맞아주는 곳이 우리강산 여
기저기에 있음을 감탄과 함께 경험하게 하는 대표적인 곳이
바로 제주다. 검은 돌들이 엉성한 듯 모여 낮게 자리한 돌담을
보는 순간 '아~ 제주구나!' 심호흡이 절로 난다. 제주도는 문화

예술적 가치가 있는 다양한 볼거리들이 새롭게 생겨나 차별화된 여행을 원하는 관광객들의 욕구를 충족시켜 주고 있다.

제주도는 화산섬이라는 천혜의 환경 조건과 사회문화적으로 특이성을 갖고 있다. 이러한 제주의 환경과 문화의 고유성을 고려해 지역 풍토의 적합성과 명료성을 부여하여 건축하는 것이 제주도 건축의 기본 방향이다. 이러한 관점에서 전통과 환경에 대한 현대적 대안과 가치를 제안한 세계적인 두 건축 거장의 건축물을 살펴보았다. 제주의 동쪽과 서쪽에서 두 명의 아시아 건축 거장들의 작품을 만나보는 것은 우리에게 큰 기쁨을 선사하였다.

90년대부터 건축된 건축물의 시간대를 따라 꽤 긴 시간 동안의 건축가의 작업을 따라가다 보면 제주 관광산업의 흐름까지도 느껴진다. 미술관과 함께 그들의 또 다른 다양한 건축 작업을 함께 이해하는 시간으로 여행을 떠나본다.

제주도 서쪽에 1998년 가장 먼저 작업된 〈핀크스 퍼블릭/멤버스 골프클럽 하우스〉를 기점으로 2001년 〈포도호텔〉, 2005년 〈비오토피아〉, 2006년 〈수, 풍, 석, 두손지중 뮤지엄〉, 2007년 〈하늘의 교회[방주교회]〉는 한민족의 혈통을 가지고 일본에서 태어난 건축가 이타미 준いたみじゅん, 伊丹潤, 1937~2011.6.26의 작품들이다. 그리고 제주 동쪽의 2009년 〈지니어스 로사이〉,

〈글라스 하우스〉, 서쪽의 2012년 〈본태 박물관〉은 전공자가
아니더라도 알법한 노출 콘크리트의 건축가 안도 다다오ぁんど
うただぉ, 安藤忠雄, 1941.9.13~의 작품들이다. 이 건축물들을 통해 두
건축가의 공통점과 차이점을 느껴보고자 한다.

시간의 흐름을 담고 있는 목재널판 사이로 자연이 드나드는 비
오토피아 내에 위치한 〈풍 뮤지엄〉

본명이 유동룡庾東龍인 이타미 준은 경남 거창 출신인 그의 아버지가 일본에 정착한 후 동경에서 태어났다. '이타미 준'은 처음 해외 나갈 때 이용했던 공항인 이타미공항과 친분이 있던 음악가 길옥윤吉屋潤의 활동 이름인 요시다 준의 마지막 글자에서 따온 예명이다. 한국과 일본 두 문화권의 경계를 살다 간 이타미 준은 한국사람이라는 긍지가 강해 마지막까지 한국인으로 살았던 건축가이다. 일본 무사시공대에서 건축을 전공했지만 한국의 고건축에 매료되어 관련된 책을 집필하고 한국 고미술품 수집에도 나섰다. 그의 작품에서는 한국 정서

시간이지나며 색이 깊어지고 따듯한 분위기를 제공하는 목재널판 사이로 바람과 풀잎이 드나드는 〈풍뮤지엄〉

가 원천적으로 담겨있는 것을 느낄 수 있다. 또한 지역 특성의 차이를 이해하고 지역문화와 지역의 맥락을 기반으로 자신의 건축 언어와 조합하여 그 대안을 모색한 흔적을 느낄 수 있다. 이번 제주건축 여행을 통해 건축가 이타미 준이 자연과의 소통과 존중 그리고 조화, 지역적 맥락과 전통적인 맥락을 끊임없이 탐구한 건축가임을 확인할 수 있었다.

시간이 지나며 색이 깊어지고 따듯한 분위기를 제공하는 목재널판 사이로 바람과 풀잎이 드나드는 〈풍 뮤지엄〉은 재료, 형태, 공간에서 이타미 준의 고유 특성이 잘 나타난다. 그는 흙이나 나무, 돌, 대나무와 같은 그 지역에서 쉽게 구할 수 있는 자연 재료를 선택하여 최대한 가공하지 않은 거친 느낌을 지니게 하여 야성미를 표현함으로써 원시적인 느낌을 주고, 시간이 지나면서 나타나는 자연의 오래된 느낌을 그대로 간직하게 한다.

반면 자연적인 거친 느낌과 대비되는 금속재 사용이나 노출 콘크리트의 인위적인 느낌을 대비시켜 이들의 느낌을 더욱 강조한다. 색채면에서도 지역적인 색채를 사용하여 동양의 먹색이나 일본의 종이 색, 한국의 조선 도자기 색을 의도적으로 표현한다. 색채도 명암을 대비시켜 강조한다.

　　형태면에서는 조합형, 연결형, 단독형으로 대별되는 특징
과 함께 평면은 대칭을 이루는 특징을 보이며, 부분적 규모에
서는 지붕에서 독특한 형태를 지닌다. 지역적 요소를 적극적
으로 반영한 결과물들이다. 이는 지역과 관련된 형태나 지역
의 속성을 분석하여 얻은 그의 감성을 추상화시켜 기하학적
형태를 도입한 것이다. 그래서 그는 한국과 일본이 속한 지역
의 특징 중 하나인 경사진 지붕형태를 자주 사용한다.

그는 또한 부분 요소 중 세로가 긴 창이나 정방형, 원, 타원과 같은 독특한 기학학적 형태의 창문을 진입부의 원형 마당이나 계단실과 같은 곳에 사용하는 것이 특징이다.

국내에서 활동하면서 이타미 준의 유작을 마무리하고 그의 정신을 이어가는 데 주력하고 있는 그의 딸 유이화는 '아버지는 감동을 주는 건축을 지향했다'고 전한다. 그녀는 아버지에 대해 '논리적이고 이성적 건축가와 감성적 접근의 건축가 두 부류 중 이타미 준은 후자에 속하는 건축가이며 시와 글을 쓰면서 마음으로 건축을 했다'고 기억한다. "건축은 대지의 컨텍스트[맥락]를 추출해 건축가의 사상을 입력하는 것으로 세월이 흐를수록 빛이 나야 하고 따뜻한 손의 온기가 느껴지는 것이어야 한다."고 이타미 준의 건축사상을 전한다. 한국인은 한국에서 학교를 다녀야 한다는 생각으로 그녀를 초등학교부터 한국에서 교육시켰다. 수집한 골동품을 소장할 뮤지엄을 제주에 짓고자 하는 그의 바람은 어쩌면 당연해 보인다. 세상을 떠난 후지만 그를 한국인으로 기억할 수 있는 방안이 마련되길 바라본다. 70세 중반으로 세상을 뜬 그의 생의 마감은 당시 이쪽 분야에서는 충격적인 뉴스였다. 그의 건축이 아직 세상에 의미있는 역할을 할 여지가 너무나 많아 보였기에 더욱 안타까움으로 다가왔을 것이다.

상대적으로 더 이른 시기부터 세계적으로 인정을 받은 안도 다다오는 일본의 2.5세대를 대표하는 세계적인 건축가다. 일반에게 잘 알려진 것처럼 안도 다다오는 건축가가 되기 전 트럭 운전사였고 권투선수였다. 그는 건축에 대한 전문 교육을 전혀 받은 적은 없지만 세계 각국을 여행하며 스케치하는 등 독학으로 건축을 공부하여, 1995년 건축계의 노벨상이라 불리는 프리츠커 건축상을 수상한 독특한 이력의 삶을 산 인물이다. 1975년 자연과 직면해서 사는 것의 가치를 설득한 스미요시에 있는 주택이 그의 출세작이 되었다. 그의 나이 34세였다.

노출 콘크리트 그리고 물과 빛의 건축가로 불리며, 완벽한 기하학 구조가 절묘하게 자연과 어우러지는 평온하고 명상적인 공간을 창조해 내는 건축가다. 그의 건축 또한 자연과의 조화가 두드러진다. 그의 건축물 속의 '물'은 얕고 조용하며 잔잔하고 건축물과 매우 인접하여 하나로 인식된다. 그렇기 때문에 편안함과 경건함을 준다. '물'을 주재로 한 건축물로는 〈물의 교회〉, 〈물의 절〉 등이 있다. 제주 서쪽 비오토피아 부지 내에 있는 이타미 준의 〈수 뮤지엄〉과도 비교해 살펴볼 것이다.

빛과의 조화 역시 매우 중요한 자연 요소 중 하나인데, 자연의 빛을 이용해 어둠과 밝음을 극대화시키고 공간을 강조한다. 〈빛의 교회〉가 그 대표적인 건축물이다. 이렇듯 물과 빛 그리고 바람, 나무, 하늘 등 자연은 그의 건축물과 긴밀하게 결합한다. 또한 투명한 소재인 유리와 노출 콘크리트를 사용함으로써 간결하고 단순하지만 차갑지 않은 느낌으로 자연에 더 가까이 다가갈 수 있도록 하고 있다. 자연과의 조화와 함께 또다른 특징은 기하학적으로 완벽함을 볼 수 있다는 것이다. 안도는 프랑스 출신 근대건축의 아버지라 불리는 르 코르뷔지에Le Corbusier의 영향을 받았다.

제주도 서쪽 중산간에 산방산이 멀리 내려다 보이는 전망 좋은 곳에 핀크스 골프클럽이 있다. 이타미 준의 건축부터 찾아가 본다. 〈핀크스 퍼블릭/멤버스 골프클럽 하우스〉는 1998년에 지어진 건물로 인근에 있는 〈포도호텔〉과 더불어 이타미 준의 대표 작품이다.

무성한 숲길을 지나 〈핀크스 퍼블릭 골프클럽 하우스〉가 먼저 보인다. 정면에 연못을 두고 주변이 모두 숲으로 둘러싸인 형세로 숲 안에 갇힌 듯 배치되어 있다. 건물은 길고 완만한 삼각지붕에 원형지붕이 우뚝 서있다. 수직성이 부각되는 솟아있는 원형지붕은 자세히 보면 타원형이다. 그 옆으로 길

게 연결되는 지붕은 완만한 삼각형 지붕인데 타원형 수직제
와 완만한 삼각형 지붕의 형태는 제주 지역의 특성을 이타미
준만의 기하학으로 해석한 제주의 지역성을 반영한 것으로,
제주 섬의 타원형 형태와 완만한 주변 산을 형상화한 것이다.
완만하게 오르막을 올라온 중산간의 막다른 곳, 경사 지형에
정착한 듯 서있는 이 건물은 진입로에서 볼 때 마치 받침대 위
에 놓인 기념비처럼 보인다.

핀크스 퍼블릭 골프클럽 하우스에서 본 진입로

핀크스 퍼블릭 골프클럽 하우스

   높은 온도의 가마에서 구운 검은색 전벽돌을 재료로한 벽을 기본으로 금속 지붕과 타원형 유리 구조물의 촘촘하고 두툼한 프레임까지 일관되게 묵직한 톤들로 통일되어 있다. 돌출된 출입구 매스와 원형의 대리석 열주 그리고 문들까지 적색 대리석을 적용하여 엑센트가 되고 있다. 전반적으로 무겁고 어딘지 일본풍이 느껴지는 중후함이 인상적이다. 여기에 사용된 전벽돌은 점토를 벽돌모양으로 성형하여 높은 온도의 가마에서 구워 모양을 고정시키고 불완전 연소한 탄소를 착색한 것인데 착색을 위해 밀폐된 전통적인 단가마 방식에서 생산된다. 이 벽돌은 내한, 내수성 등이 좋아 동파나 내구성에 강하여 사찰이나 궁궐 벽 등에 사용된다. 제주 화산석인 현무암의 검은색과 제주 대지 깊은 흙의 붉은색을 연상시키는 재료이다.

적색의 원형 대리석 열주와 직사각 출입문의 조화가 인상적이다.

내부 또한 외부형태를 반영하며 무거운 무채색 바리에이션이 중심을 이룬다. 묵직한 적색 목재로 마감한 타원형 홀 지붕 천창 사방에서는 자연의 빛이 부드럽게 충만하다. 유리벽 금속 프레임의 분할과 두께도 견고하다.

홀 전체를 빙 둘러 친 천창벽이 타원형 천장을 강조한다.

제주를 돌, 여자, 바람이 많아 삼다도라 했던 것처럼, 제주의 척박한 자연으로부터 강직한 건축물을 통해 안식처를 제공하려는 것으로 보인다. 다소 어두운 공간이지만 천창으로 유입되는 자연의 빛으로 무거움을 상쇄시키고, 중후한 타원형 홀에서는 시시각각 변화하는 제주의 하늘을 보여준다. 이외에 아래쪽 벽으로는 어떠한 외부전경도 보이지 않아 마치 하늘 전시장과도 같다.

두 개의 높게 뻗은 원기둥이 제주섬을 두 팔 벌려 받든 듯,
제주섬을 형상화한 어두운 지붕이 마치 제주바다 위에 부유
하는 듯한 모습이다. 1층 높이까지는 어둡게 처리하고 상부
를 벽창을 두어, 다시 어두워지는 천장 영역의 명암의 대비가
천장의 형태를 더욱 확연하게 강조시키는 방식이다. 창 벽으
로 자연광이 들어와 지붕과 하늘이 전시된다. 넓지 않은 홀에
상대적으로 높은 콘형의 홀은 일반적 공간스케일과 대비되는
형태와 공간으로 풍부한 시청각적 경험을 일으킨다.

제주섬을 두 팔 벌려 떠 받들기라도 한 듯,
어두운 영역과 밝은 영역의 대비가 제주섬
을 형상화한 지붕이 제주바다 위에 떠 있는
상징성

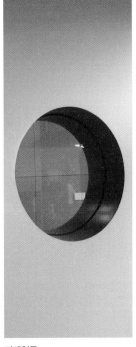

디테일들

　내부 공간은 식당으로 사용되고 있고 탈의실 쪽 공간은 다
시 흰색 페인트로 마감해 장중한 홀과의 반전으로 대비된다.
외부에는 삼각형 형태를 한 인공미가 배제된 연못이 있다.

　다음으로 〈핀크스 멤버스 골프클럽 하우스〉를 향해 가는
길은 조금 낮아지는 지형으로 〈멤버스 골프클럽 하우스〉 앞
은 조경이 단정하게 정돈되어 있다. 건물은 역시 기울여진 삼
각형 지붕이 독특한 각도로 시선을 끈다. 이 지붕도 제주도의
산세모양의 경사와 조화될 수 있는 모양으로 지역적 요소를
계획적으로 적용한 것이다. 이번에는 적색의 대리석 벽이 전
체에 적용된 모습으로 넓은 규모의 단층건물이 대지에 낮게
안착한 모습이다. 지붕마감의 방향도 퍼블릭 클럽 하우스와
반대로 처마 방향으로 처리된 모습이다.

　프론트가 있는 로비는 압도적 높이와 지붕의 형상을 그대로 반영한 흰색 천장의 기하학적 오브제 그리고 측면 천창으로 비추는 자연의 빛으로 차별화된 공간을 만든다. 외부에서 본 것처럼 필드 쪽으로 기울어진 삼각 지붕으로 공간은 낮아지며 압축되고 그 끝으로 난 창문 벽으로는 잘 다듬어진 그린과 저멀리 산방산이 펼쳐진다. 흰색의 천장재료와 실내형태 모두 천창에서 들어오는 빛의 실내 채광의 질을 높이는 데 중요한 역할을 한다. 외부 적색 사각기둥을 45도 회전하여 배치한 점이나 내부 석탑 모양의 목재 기둥이 독특하다.

인근에 있는 〈포도호텔〉은 2001년 건축된 후 건축답사지로 발길을 모았던 곳이다. 4,050제곱미터의 건축면적을 가진 이타미 준의 두 번째 호텔 작품이다. 이타미 준의 첫 번째 호텔은 일본에서 지은 '더 킨다 나에바'이다. 이 건물은 결코 낭만적이지 않고 혹독하기만 한 눈의 자연환경에 대응하면서 스키어들을 위한 기능적 요구를 충족시키는 V자형 건물이라면, 두 번째 호텔인 〈포도호텔〉은 이타미 준 개인의 주관적인 축으로 진행되고 지어진 건물이다. 건축주 김홍주 씨와의 서신을 보면 '중점을 둔 것은 김 사장님의 첫 이미지와 의향이 중요했으며, 상징적인 단어들 – 틀어 박히다, 숨다, 해방, 열다, 닫

다, 혼재한다 - 을 이미지화하고 자연발생적인 마을의 본질, 판소리의 리듬과 본질이기도 한 연속과 불연속, 그리고 차단을 생각했다'고 밝히고 있다.

오름 모양을 한 지붕의 이 호텔은 제주 전통 민가와 같이 낮은 돌담으로 둘러싸여 제주 민가의 고즈넉한 분위기가 배어난다. 오름이 널려 있는 중산간 지역에 아늑하게 들어앉아 하늘에서 내려다 보면 포도송이 같다.

26실 규모의 단층으로 이루어진 포도호텔은 제주도의 옛 초가집을 닮은 정겨운 지붕 집이다. 제주 전통 가옥처럼 객실들이 돌담 울타리 안에서 마당을 중심으로 제주 민가인 두거리집, 세거리집과 유사하게 자유롭게 배치되었고 중정을 중심으로 별동이 배치되어 전체적으로 폐쇄적인 형태를 지닌다.

조닝zoning(공간을 사용용도에 따라 기능별로 나누어 배치하는 일)은 복도와 복도 주변의 객실들로 이루어져 있다. 공간의 흐름 역시 제주 민가의 배치 구조와 같다. 즉, 주출입구는 거릿길에서 집으로 출입하기 위한 긴 골목인 올레의 공간 구성을 보이는데 길고 좁은 비교적 어두운 복도로부터 시작된다.

이 폐쇄적인 공간에 열린 느낌을 부여하기 위해 각 블록 사이에 외부로 열린 틈을 내어 강한 제주 대자연의 경치가 쏟아져 들어오도록 계획하였다. 틈 사이에 놓인 돌과 강한 대비

를 연출한다. 올레의 입구 양쪽에 어귀돌을 놓고 그 앞에 말을 탈 때 디딤돌로 사용하는 물팡돌을 놓았던 민가처럼 이 돌은 주택의 입구, 즉 시작을 암시하는 기능을 하고 있다. 이타미 준은 이 공간을 외부로의 통행은 열지 않고 올레의 개념을 적용한 또 하나의 명상의 공간을 만들었다.

복도를 지나며 연속되는 실내정원 케스케이드는 제주의 안

마당과 유사하다. 올레를 진입하여 만나는 원형 유리중정은 천장으로 빛이 유입되어 실질적으로 외부 공간인 안마당이 된다. 이 원형의 유리중정은 외부 공간으로, 안뒤와 우영이라 불리는 텃밭이 배치되어 제주 전통가옥의 공간을 재현한다. 겨울 날 조금 어두운 듯 아늑한 실내의 원형 중정에서는 천장

에서 유입되는 빛과 눈 내리는 모습을 만나는 특별한 체험을
선사한다. 봄 날의 보리밭에 내리는 보슬비나 여름 날의 강한
빗줄기 그리고 가을의 청량한 하늘을 만나는 것 또한 이 공간
이 선사하는 선물 같은 체험이 될 것이다. 단언컨대 추운 겨울
어느 날 여행객이 이 공간을 방문해 여유와 함께 함박눈 내리

는 모습을 만난다면 충격에 가까운 감동을 경험하게 될 것이다. 이 장소에서 생동감이 가득한 날 것 그대로의 자연을 만나보기를 기원한다.

우영은 제주 민가에서 돌담 안에 건물을 배치한 뒤 남은 여분의 터에 만든 텃밭을 말한다. 결국 우영은 제주 주민의 삶이 스며있는 공간이다. 이러한 우영을 객실 주변 내부 공간에 만들어, 봄에는 유채와 보리를 볼 수 있도록 하여 건축물에 제주의 삶을 녹여 낸 작가의 사상을 읽을 수 있다.

완급과 폐쇄와 트임으로 공간 체험의 충실도를 높여 주었고, 공간 곳곳에 하늘과 밖을 향해 열린 케스케이드와 창 그리고 테라스를 두어 제주의 빛과 자연을 실내로 자연스럽게 끌어들여 공간의 경계와 공존, 숨김과 자유로움, 닫힘과 열림의 개념을 느낄 수 있게 하였다.

남향의 양실 객실에서는 산방산, 형제섬 등 제주 남쪽 바다의 원경이 한눈에 들어오고, 객실 바로 앞 가까이에 있는 우영에서는 제주 전통 농가의 향토자연을 조망할 수 있다. 한라산 방향의 한실 객실에서는 생태연못과 울창한 숲이 창 밖으로 보인다. 모든 객실에는 온천수가 흐르는데, 한실은 히노끼 욕조를 갖췄다.

이타미 준은 건물의 조형과 재료의 직접적인 사용을 통해 제주 전통가옥을 재현하려 하였고, 공간의 배치와 구성에서 전통가옥을 적용하고 있으며, 지역의 현무암 마감이나 억새와 같은 식물을 식재하는 방법으로 재료를 통한 지역성을 적용하였다.

무엇보다 거대한 스케일과 국적 불명의 화려한 호텔들에서 느껴지는 인공적이고 획일적인 건축 공간에 실증이 난 관광객에게 이 호텔은 포근한 제주의 자연을 가깝게 만날 수 있도록 아늑하게 설계되어 진정한 자연과의 친밀감을 경험할 수 있도록 만든다. 호텔에서 고향의, 한민족의 향수가 배어 나온다. 이 장소는 자연을 감상하며 휴식을 갖는 휴먼스케일에 적합한 제주 자연 전시장이라 명명해도 좋을 것이다.

유민미술관(지니어스 로사이) / 글라스하우스

거장들의 자연과 건축과 예술의 만남

명상전시 공간에서 자신을 발견하는 시간

| 안도 다다오Ando Tadao

'땅을 지키는 수호신'이라는 뜻의 라틴어에서 온 〈지니어스 로사이〉는 제주 동쪽 서귀포 해안 섭지코지 내에 자연과 호흡하는 명상전시관을 표방하며 2009년에 조성되었다. 섭지코지의 명물이 된 이곳을 향해 가는 길은 5월의 경이로운 제주 봄 풍광이 함께했다.

　넓은 바다를 끼고 언덕길을 걷다 보면 바다를 배경으로 흰 등대가 있는 오름이 감탄스럽게 펼쳐진다. 잔잔한 바다를 배경으로 파도가 만들어낸 오름의 조형미가 실로 감탄사를 자아내게 한다. 언덕을 넘으면 또다시 초현실적인 넓은 잔디 벌판이다. 광활한 잔디 벌판 저 멀리 왼쪽으로 나지막이 수평으로 자리한 명상공간 〈유민미술관(지니어스 로사이)〉이 보인다. 그 우측으로 해안 언덕 위에 〈글라스 하우스〉가 잔디 벌판을 전경으로 제주 하늘과 바다를 배경으로 성산을 사이에 둔 채 펼쳐진다. 두 건축물 모두 성산일출봉을 향해 각기 다른 건축 어휘로 열려 있다.

이곳 진입로는 긴 산책로를 따라 꼭 걸어보길 권한다. 잔디
벌판에 들어서 걷는 길은 마치 현실이 아닌 듯 초현실의 세계
와도 같은 느낌이다. 벌판을 가로질러 좌측에 〈유민미술관(지
니어스 로사이)〉이 가로로 긴 낮은 입면의 형태를 띠며 천천
히 다가온다. 절묘하게 저 먼 바다의 수평선 높이다. 상대적으
로 우측에 위치한 〈글라스하우스〉는 성산의 지형을 단순한 기
하학적 형태로 정리한 지형으로부터 돌출된 형상이다.

뫼비우스의 띠처럼 감아 도는 삼각면 등대오름을 우측에 두고 초현실적인 벌판을 한참 걸어 안도 다다오의 명상공간 진입로로 들어선다. 건축물의 가로로 긴 입면과 띠를 이룬 지붕의 가로선에 출입구는 점의 구성요소로 이루어진 파사드를 하고 있다.

〈유민미술관(지니어스 로사이)〉은 진입로 구성은 안도의 건축 어휘가 그대로 들어난다. 매끄러운 콘크리트 질감으로 높게 올린 폐쇄적 건축 벽면과 그와는 대조적으로 제주 현무암의 거칠고 낮은 담장의 개방적인 벽 그리고 그 담장 너머 광활한 자연이 펼쳐져 있다. 대비적 구도로 이루어진 진입로의 좌우는 안도의 특징적 공간 요소인 폐쇄와 개방, 매끄러움과 거침의 구성으로 이루어져 인간의 일상 세계와 피안의 명상 세계를 추구한 건축 공간의 경계가 된다.

건축 공간에 대한 암시와 호기심을 유발시키는 압도적인 높이의 벽에 상대적으로 개방감을 갖는 낮은 담장의 대비를 통해 자연을 강하게 실감할 수 있도록 한 것이다. 인간에게 자

연이 거칠고 강한 특징으로 인해 극복해야 하는 대상이라면, 안도는 건축 공간이 안식처가 되도록 한다.

길고 높은 벽 위에 가볍게 얹어져 있는 지붕은 그 대비감으로 마치 공중에 떠 있는 듯 보인다. 이 노출 콘크리트의 벽은 주위환경과의 관계에서 확연하게 들어나는 매끈한 질감과 극도로 단순한 형태의 결연한 차이로 인하여 더 강하게 부각된다. 이러한 주변 맥락으로부터 격리시키는 방식은 그 극명한 대립 속에서 역전과 의외성이 삽입됨으로써 좀 더 풍부한 건축을 가능하게 하며, 외부환경은 건축 내부로 선택적으로 수용되어 우리와 무관했던 풍경을 새롭게 인식하게 해준다.

매끄러운 벽에 잘라낸 듯 심플한 직사각의 입구로 들어서면 다양한 질감의 사각면들의 향연으로 잠시 멈칫하게 된다. 연못이 있는 이 장소는 실제적 기능보다 무엇인가 다양한 느낌으로 인해 매표소이면서 또 다른 감각의 혼돈을 주는 공간이 된다.

안도는 차가운 추상, 기하추상의 대가인 조셉 앨버스Joseph Albers의 회화에 대한 견해를 다음과 같이 피력했다.

"앨버스의 방법은 정방형 안에서 감각의 모호함을 허용하는 것이다. 정방형이란 규칙 안에 자신을 한정해서 독특한 색채를 칠한다. 이때 관찰자의 감각은 작품의 미약한 진동과 확장을 느끼고, 다양한 자유를 향하고자 한다." 안도는 앨버스의

방식에 색채를 대신하여 건축 공간에 인공과 자연의 요소들로 채워 감각의 모호함을 허용한 것이다. 우리는 이 매표소에서 앨버스의 회화를 말한 안도의 방식을 확인할 수 있다.

진한 갈색의 잔돌들로 이루어진 대기 공간의 사각바닥은 거칠다. 거기에 고인돌의 거석을 연상시키는 유기적 형태의 돌의자가 있다. 바닥 경계는 단호한 직선의 경계로 시작되어 마무리는 자연의 요소와 모호하게 연결된다. 매끄러운 콘크리트 질감의 면들 사이에서 태초의 자연을 느끼게 된다. 연꽃이 채워진 연못은 더 거칠고 큰 현무암들의 군집으로 경계를 이룬다. 부드러운 수면과 매끄러운 콘크리트 벽과 연계되어 그 너머엔 모호한 경계로 태초의 자연이 이어진다. 실제적 기능의 유리로 마감한 안내데스크는 없는 것이다.

안도는 '추상성과 구상의 중합'이라는 글에서 앨버스의 회화와 피라네시G.B.Piranesi의 회화를 통해 자신의 건축 목표가 추상성과 구상성을 동시에 획득하는 것이라고 밝히고 있다.

"정사각형의 편심적 구성을 한 앨버스의 작품에 표현된 정방형의 윤곽과 색채는 관찰자가 그 정방형의 윤곽을 안에서 밖으로 또는 그 역으로 시선을 유도하여 평면적 상태를 입체적으로 느끼게 만드는 일종의 착시적인 효과를 유도하고 있는 것이다."

안도가 견지하는 추상이란, 시선이 정지된 평면적 순수함이 아니라 정방형의 윤곽들에서 움직이는 시각적 동요를 이끌어내어서 입체적인 볼륨의 극적인 효과를 유도하는 것이다. 그리고 이것은 현대건축의 기하학적 단순함을 강조하기 위한 모더니즘적 균질 공간의 개념을 극복하는 그의 중요한 추상적 요소가 된다. 또한 안도에게 이것은 실제로 단순함의 결과로서 복잡함을 가지는 공간을 창조하는 원리인 것이다.

구상의 의미에 대하여 '인간의 육체가 각인된 구상적인 것'이라는 설명으로 언급하고 있는데, 고인돌을 연상시키는 유기적 형태의 의자에는 인간의 육체가 역사성을 가지고 각인되어 있는 것이겠다.

피라네시의 동판화 '환상의 감옥Carceri d'Invenzione'은 소실점의 위치가 불명확하고 그것을 통해 바닥과 천장의 깊이감 파악이 흐려지게 되고 시각적 강조점을 찾기가 어렵다. 그것은 관찰자와 공간과의 관계가 모호하게 설정되는 시각적 혼란을 야기시켜서 관찰자에게 모호성과 복합성, 신비로움을 유도하며 관찰자에게 나름대로의 시각적인 작용과 조작을 유도

한다. 추상적 언어로 이루어진 기하학적 공간 형태가 어떠한 장소와 상황에서 이행되느냐에 대한 과정의 문제로서 구상에 대한 의도가 짐작된다. 따라서 안도 다다오의 건축 공간 속의 상황, 예를 들어 지역, 풍토와 풍경, 문화 같은 건축 외적인 정서가 건축과 동화되어 일어나는 의미론적 절차와 개념이라고 할 수 있을 것이다. 그리고 이것은 안도 다다오의 작품에서 나타나는 특징의 사례를 종합해보면 일본 전통 차경기법이 그의 건축 속에서 인간의 삶에 어떠한 의미를 내포하고 있다는 의미로 읽혀진다.

안도 다다오 건축의 일반적 형태 요소는 노출 콘크리트 벽, 볼륨, 그리고 프레임으로 구분되고, 이것들의 조합과 상호간섭, 분절을 통해 형태가 조작된다. 그 결과 건축물은 엄격한 기하학을 바탕으로 구축된 추상적인 상태를 통하여 미로와 같은 형태로 만들어진다. 그리고 이것은 물리적 세계보다는 정신적 세계의 도달을 위해 장식을 배제하는 극소 공간의 형태로 나타나게 되는 것이다. 이제 매개 공간과도 같은 매표소를 지나 사각의 정돈된 또 다른 입구를 지나 돌, 여인, 바람의 정원으로 들어선다.

비워진 광야의 풍경이다. 흑갈색의 현무암들이 무더기로 쌓여 둔덕을 이루는 돌 정원은 경사로를 사이에 두고 돌들만 있는 곳과 초목들과 돌들이 함께 하는 곳으로 이루어져 있다. 밀도 높은 매표소 공간을 지나 광활함을 경험하는 반전의 공간이다. 거친 돌 정원을 지나면 평지가 이어지고, 직선으로 쭉

뻗은 길을 따라 좌측 낮은 평지에 타원형 여인의 정원은 핑크
빛 들꽃으로 가득하다. 평온함이다.

저 멀리 우측 사각 콘크리트 담장 안에는 사람 키 높이의
억새풀들이 무성하게 채워져 흔들리고 있다. 바람의 정원이
다. 거친 돌 정원의 경사로를 지나서 꽃으로 조성된 평원 같은
여인의 정원을 지나면 인공의 매끄러운 콘크리트 사각 구조
틀 안에 풀들이 무성하게 흔들리고 있는 바람의 정원이 있다.
인공 구조물 안에서 초록의 억새풀을 통해 가둬 둔 바람은 무

성한 초록의 풀들 사이에서 촉각과 시각, 후각과 청각, 그리고 감성이 함께 흔들리는 느낌이다. 잠시 머물자.

이제 명상의 전시 공간으로 진입이다. 입구 게이트는 거친 질감과 거대한 스케일의 높이로 인해 성벽처럼 느껴지는 강력한 담벼락이 단순하다. 콘크리트의 수평 띠와 현무암 성벽의 간결한 구성이다.

바다가 펼쳐진 풍광으로부터 광활한 잔디 평야를 지나 조밀한 안내 공간을 지나면 광야 같은 정원 공간과 또 다른 조밀함이 느껴지는 실내 명상 공간이 나타난다. 공간 스케일의 변화가 일렁이는 듯하다. 공간스케일의 밀도를 점점 깊게 깊게 적용하고 있다.

명상의 공간으로 들어서면 거친 현무암 성벽과 레이어를
이룬 매끈한 콘크리트 벽 뒤에 이번엔 물의 공간이 펼쳐진다.
양쪽 비스듬한 사선면으로 벽 천이 흐른다. 얕지만 쉴새 없이
흐르는 작은 폭포다. 끊임없이 변화하는 자연의 속성을 은유
적으로 담아낸, 비워둔 정원을 지난 뒤에 만나는 채워진 공간
이다.

건축물의 입면 디자인 어디에서도 사선을 직접적으로 발견할 수는 없으나 지형을 통해 우리는 사선을 경험하게 된다. 안도의 건축 공간에서 역동성과 다채로움을 느끼게 되는 요인이 여기에도 기인한다 할 수 있겠다.

지면보다 아래에 명상의 실내 공간이 있다. 그곳 지하로 내려가는 길은 거대한 높은 벽을 따라 나 있다. 양쪽의 벽 질감은 극명하게 대조적이다. 내부는 매끈한 콘크리트이고, 외부는 거친 현무암을 집적해 놓은 성벽과도 같은 높이이다. 하늘로 열린 두 질감의 대비는 저기 먼 피안彼岸과, '지금' '여기'의 차안此岸, 단절과 수용, 사유와 행동 등 다양한 의미로, 차안을 의미하는 거친 질감의 벽을 외부 쪽으로 하고 피안의 내부공간을 상징하는 노출 콘크리트 벽을 감싸며 순환하며 진입하는 형국이다.

거기 길고 긴 길을 가다 보면 한쪽 거친 벽에 갑자기 가로로 긴 틈새를 뚫어 그 프레임 너머로 제주 성산의 광활한 풍광을 펼쳐 보인다. 사각의 틈 사이로 바람과 빛이 드나든다. 그리고 노란색 야생화 들 너머, 바다 위에 떠 있는 성산일출봉을 만나게 된다. 불특정의 자연에 프레임을 지음으로 인해 특정한 성산일출봉은 더욱 의미있게 다가온다. 벽면의 틈새로 스며드는 빛이 만들어내는 공간의 역동성이 구현된다. 일본 전

통 정원의 차경기법 요소인 '너머 보기'와 '사이 보기'의 특징을 보여주는 곳이다. 심호흡을 하게 되는 것은 필자만의 감성일까! 관광객들의 카메라가 이 장면을 담기 위해 분주하다.

안도의 건축 공간에서는 빈번하게 일본 전통 정원의 차경기법 요소들을 발견할 수 있는데, 일본 전통 차경기법은 자연 그대로가 아닌 자기 지배 아래 길들이는 특징을 갖는다. 원경을 담장 같은 인공구조물들 사이에 두고 원경 하부가 담에 의해 편집되는 '너머 보기', 벽이나 개구부를 통해 원경을 보는 '사이 보기', 상부의 매개물에 겹쳐서 보는 '겹쳐 보기', 내부와 원경 사이에 중간 영역을 차단시켜 육감을 통하여 인지하는 '간접 보기', 원경을 축소하여 내부로 도입한 '축소하기' 기법들이 그것이다. 〈유민미술관(지니어스 로사이)〉에서는 이러한 기법들이 다양하게 나타난다.

정사각의 균질한 구조로 이루어지는 프레임의 공간 내부는 비워짐과 채워짐의 관계를 통하여 이루어지고, 크고 작은 볼륨의 덩어리에 건축 공간의 깊숙한 곳까지 외부적인 요소가 유입된다. 비워진 그리드 프레임으로는 바람과 빛이 자유롭게 소통하고 지역의 특수한 자연환경을 건물에 유입시켜 나가는 과정을 통해 건축을 육체화시키고자 하는 안도의 의도를 볼 수 있다.

높은 담장의 긴 경사로를 따라 이제 실내 명상 공간으로 진
입한다. 진입로를 제외한 지하의 명상 전시 공간의 내부는 모
두 노출 콘크리트로 이루어졌다.

자연의 빛은 사라지고 어둠 속 하단에 인공조명이 하나씩
길을 비춘다. 존재의 근원, 마음의 심연으로 향하는 길이다.

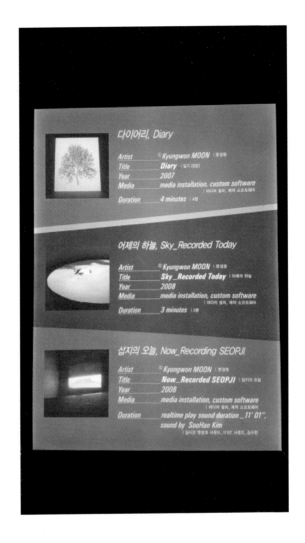

그 길을 따라 빈 공간을 지나면 미디어아트 작가 문경원의
작품이 세 개의 공간으로 나뉘어 설치되어 있다.

먼저 미디어 아트인 '다이어리Diary'가 빈 공간 한 벽면 가득 흐르고 있다. 제목이 일상을 적어가는 일기장이다. 다시 자연 현상을 생각하게 하는 영상이다. 나무의 생장과 소멸, 재생을 영상으로 표현한 것으로 앙상한 가지로 시작하여 잎과 꽃이 피고 점점 번성하다, 다시 하나씩 떨어지고, 사그라지고, 다시 피는 생명 순환을 표현한 작품이다. 이것은 자연의 유한과 무한이 섞인 존재의 실상을 잘 보여준다.

두 번째 작품은 '어제의 하늘'이다. 육면체 안에 원통형 공간을 레이어링한 전시 공간으로, 하늘 풍경 영상이 원형 바닥에 떠 있다. 사각의 대지와 원형의 하늘 공간에서 내부와 원경 사이에 중간 영역을 차단시켜 육감을 통해 인지하는 '간접 보기'의 공간이다.

우주의 과거와 현재, 미래를 감싸고 있는 세계에서 시간의
경과를 담고 있는 하늘 위에는 풍경들이 거품처럼 떠돌고 그
원형의 영상 안에 서 있는 자신이 있다. 찰나의 덧없음을 상징
한다.

세 번째 작품은 '오늘의 풍경'이다. 전시 공간은 벽돌 벽이
고 벽면 일부가 사각프레임으로 열려 영상이 흐르는 가부좌
공간이다.

바깥에 설치된 카메라를 통해 지하에서 보는 지금 이 순간
의 바깥 세상을 벽의 일부를 뚫어 이어준다. 성산일출봉의 일
출부터 일몰까지의 실시간 풍경이 화면에 투사된다. 그 간접의
풍경을 통해 밖에서 보던 제주의 자연과 암흑의 공간에서 보는

현실이 대비를 이루며 초현실적인 감각에 빠져들게 한다. 원경을 축소하여 내부로 도입한 '축소하기' 기법의 공간이다. 지금이 순간 존재가 어떤 것인지 되돌아 보게 한다. 이런 작품 속에서 가부좌로 있다 보면, 현실에서 한참이나 떨어져 있는 우주저 끝의 신비한 공간 속에 육체가 부유하는 듯한 느낌이다. 그감흥의 여운은 오래도록 이어져 건물 밖으로 나온 뒤에도 한동

안 숙연해지는, 내부로 침잠해 가는 공간들이었다.

자연을 전시한 명상전시 공간 〈유민미술관(지니어스 로사이)〉을 뒤로 하고 〈글라스하우스〉로 이동한다. 이곳의 2층 공간에서 인공의 자연이 아닌 자연 그대로를 다시 만나는 확 트인 제주의 원경을 즐기는 시간이 되기를 기대한다.

　〈유민미술관(지니어스 로사이)〉에서 안도는 섭지코지로 대표되는 제주의 자연과 인간을 건축가의 또 다른 해석으로 지키려 하였다. 자연은 인간과 모든 존재의 근원이기에 신성한 것이다. 안도 다다오는 그런 존재의 신성한 근원을 제주의 물, 돌, 빛, 바람, 풀 등을 추상화한 공간과 건축물로 우리에게 보여준다.

　이곳에서는 자연을 건축화시키는 방식을 만나볼 수 있다. 있는 그대로의 풍경을 감상하는 차원이 아닌, 선택한 영역에 어떤 의미를 부여하거나 상징하는 사의적 개념을 포함시켜 자연 상황을 인위적으로 재창조하여 나타내는 일본 전통 차경기법들을 보이는 〈유민미술관(지니어스 로사이)〉과, 먼 곳의 경치를 있는 그대로 감상하려는 한국의 전통 주택에서 볼 수 있

글라스하우스

는 전망의 개념과 같은 〈글라스하우스〉에서의 제주 자연 풍광
의 차이를 경험하는 시간이 된다.

2009년에 완공한 〈유민미술관(지니어스 로사이)〉이 다분
히 일본 전통기법을 적용한 공간이었다면, 2012년 완공한 〈본
태박물관〉은 한국 전통적 색채를 건축에 구현하려는 시도가
보였던 공간이었다.

2009년 〈지니어스 로사이〉로 개관한 후 2017년 〈유민미술
관〉으로 재개관하였다. 국내 유일의 아르누보 유리공예 미술관
으로 미술관 전시 설계는 덴마크 건축가 요한 칼슨Johan Carlsson이
맡았다. 이 글은 2015년 방문한 상태를 기반한 글이다.

비오토피아 / 수, 풍, 석, 두손지중 뮤지엄

거장들의 자연과 건축과 예술의 만남

건축 예술, 명상으로 이어지는 시간

| 이타미 준Itami Jun

제주도는 2000년대 들어 문화 예술적 가치가 있는 다양한 볼
거리들이 새롭게 생겨나기 시작하면서 차별화된 여행을 원하
는 관광객들의 욕구를 충족시켜 주고 있다. 제주도 서쪽 〈핀

크스 골프클럽〉, 〈포도호텔〉 가까이에 22만 평 규모의 외국 유명 휴양지를 연상케 할 만큼 경관이 빼어난 〈핀크스 비오토 피아〉가 조성되었다. 타운하우스 116세대, 미술관 4개소와 인근의 교회는 이타미 준의 설계로, 그리고 단독주택 87세대, 커뮤니티센터는 이나치 가즈아키의 설계로, 그리고 이타미 준의 딸 유이화도 참여하였다. 무엇보다 주변 생태공원이 원시의 자연을 느끼게 하는 차별화된 환경을 제공하고 있다.

우리의 제주도도 세계적인 아름다움을 간직한 곳이기에, 인공적으로, 거대하게, 휴먼스케일과 무관한 개발을 지양하고 인공요소를 최소화하여 조성되고 관리되는 지역이 만들어졌으면 하는 간절한 마음이다. 〈비오토피아〉는 이런 관점으로 접근한 사례라고 할 수 있다.

건축가 이타미 준은 건축이란 "자연 속에서 인간의 더 나은 삶을 위해 바치는 또 다른 자연이다."라는 건축관을 가지고 있었다. 이에 〈비오토피아〉는 기존의 황폐한 자연을 개조해 자연과 함께 할 수 있는 적극적인 건축프로그램을 만들었다는 것이 특징이다.

제주도가 지닌 휴양 요소를 적극적으로 도입한 저층 집합 주택단지로, 독일 뒤셀도르프에서 실험된 황무지에 가까운 자연을 인공적으로 개조하면 10~20년 후 새로운 자연으로 다

시 태어난다는 사례를 적용하였다. 2004년에 조성되기 시작
하여 2005년부터 타운하우스 계획이 시작되고 2010년에 완성
되었다.

이타미 준은 자연에 광범위하게 손을 대는 것이 아닌 인공
요소를 최소한으로 가미하고 인프라를 정비해 미개척 자연을
새로운 자연으로 변모시키려는 노력을 하였다. 그렇게함으로
써 새로운 자연으로부터 편안함을 얻는 마을과 소도시를 연
상하며 계획을 진행하였다. 〈비오토피아〉는 '생명BIO-COENOSIS'
이 안정된 상태로 살아가는 '장소TOPIA'이자 생태계적 생명력
과 인간이 꿈꾸는 '이상향UTOPIA'이 만나는 곳을 의미하는 명칭
이다.

바다 조망과 여백 공간이 충분한 비오토피아 전경

부지 내에는 커뮤니티센터와 자연 자체를 수집한 〈수, 풍, 석 미술관〉, 〈두손지중 미술관〉, 〈하늘의 교회〉가 있다. 이는 이곳이 문화적 커뮤니티를 포함한 소도시로 형성될 것이라는 구상이 바탕에 깔려있기 때문이었다. 무라노 도고 상 수상 작이기도 한 핀크스 비오토피아의 〈두손지중 미술관〉과 〈수, 풍, 석 미술관〉은 2006년 각각 물과 바람과 돌 그리고 제주자연을 주제로 한 작은 체험형 미술관으로 계획되었다. 사설 미술관이지만 방문객들의 발길이 꾸준히 이어지고 있는 곳이다.

이곳은 유명 인사들의 손꼽히는 고급주택단지이지만 물질만능주의에서 오는 현대사회의 문제점을 생태계 복원의 기초 위에 주거환경을 바꿈으로써 인간성 회복을 도모하고 나아가 노자의 자연주의에 바탕을 둔 이상향을 지향하는 곳이다.

비오토피아의 아파트형 빌라인 타운하우스는 이타미 준이 설계하였고, 단독 빌라는 이나치 가즈아키가 설계하였다. 각 건물은 바다조망을 의식해 배치했으며 조망이 불리한 세대는 근경조망 확보를 위해 여백의 공간을 충분히 두었다. 내부 공간에 바람과 물 같은 자연이 들어올 수 있는 여백의 공간을 만들고 외관도 주변환경과 조화를 이루도록 계획되었다.

커뮤니티센터부터 살펴본다. 커뮤니티센터의 외벽은 제주 대지의 색이다. 그라데이션된 벽은 제주 대지가 깊이에 따라 달라지는 색을 반영한 것으로, 지역 풍토와 조화를 이루면서 세월이 갈수록 그 색이 깊어지고 따뜻한 분위기를 낼 뿐만 아니라 나무 향을 비롯해 건강에 도움을 주는 목재를 내부설계 요소로 사용하였다. 주출입구를 중심으로 V자형 통로를 통해 공간들이 연결되고 그 사이 V자 영역에는 삼각형의 중정이 배치되어 실내로 빛과 자연의 다양한 요소들을 끌어들이고 있다. 커뮤니티센터 내 레스토랑을 예약하면 비오토피아 입장이 가능하여 미술관까지 둘러볼 수 있는 방법으로 소란스럽지 않은 단지 내 분위기를 관리하고 있었으나, 2018년부터는 입장료를 받는 시스템으로 운영되고, 커뮤니티센터도 미술관으로 변신 중에 있다.

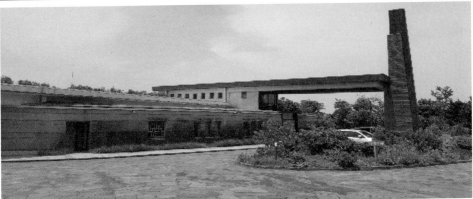

제주 대지의 색으로 그라데이션된 벽이 돋보이는 비토피아 커뮤니센터

커뮤니티센터홀 내부에서 볼 수 있는 중정 조경

자연석으로 휴식 공간을 배치한 주출입구와 V자형을 이루는 긴 통로 사이 공간의 삼각형 중정

멀리 산방산이 보이는 커뮤니티센터 뒷뜰 수영장

피카소 작품을 감상하며 들어간 레스토랑

커뮤니티센터에 있는 레스토랑을 거쳐 이제 네 개의 미술관으로 향한다. 완만하게 펼쳐져 있는 생태공원에 어린시절 염전에서 본 듯한 움막 같아 보이는 건물이 수풀 속에 서 있다. 이 〈풍風 미술관〉은 자연과의 본질적인 교류를 의도한 수, 풍, 석, 두손지중과 같은 제주도의 토착 소재를 주제로 해 만든 네 개의 미술관 연작 중 하나다. 〈풍 미술관〉은 바람의 공간으로, 앉아서 명상이 가능한 공간과 걸으며 바람의 소리를 들을 수 있는 긴 공간으로 구성된다. 잃어버린 자연과 기억을 연상시키고자 한 공간이다.

오두막 각 면을 판과 판의 연결로 만들어 그 틈으로 제주의 바람을 느끼도록 하였다. 나무상자와 같은 미술관의 한쪽 벽면은 활처럼 휜 호를 그리는 형태로 설계되었다.

나무판의 틈새로 바람이 통과하고 소리를 들을 수 있어 바람 강한 날에는 판 사이에서 마치 현을 켜는 듯한 소리가 들리는 청각과 촉각이 더해진다. 이곳에 놓여 있는 자연을 상징하는 돌 오브제는 의자의 기능과 바람소리를 듣는 명상의 공간을 만들어준다.

성글게 난 나무판 틈새로 생태공원의 원시적인 풍광이 멀리까지 펼쳐진다. 이처럼 나무 재질의 성격을 잘 파악하여 목재를 성글게 배치하고 문을 없앤 상태로 개방감을 줘 언제나 누구든지 들러 자연을 느끼는 공간이 되기를 바라는 것이다. 억새풀 꽃잎이 나무판 사이로 들어와 손짓하는 이곳에서 고즈넉하게 바람소리 들으며 독서하는 시간을 상상해 본다. 〈풍 미술관〉은 세월로 인한 짙은 나무의 색감으로 인해 시간을 읽게 하는 따뜻한 촉각적인 공간이다. 또한 전통적이고 촉각적인 목재와 함께 놓여진 돌 오브제를 통해 제주의 풍토성을 느낄 수 있다. 바닥마감에는 광택을 주어 이타미 준 특유의 재질 적용의 반전을 확인하게 한다.

풍 미술관 옆 언덕 위에 위치한 〈석ㅈ 미술관〉은 '하나의 사유이자 시적인 환상'이라고 이타미 준은 말한다. 제주의 돌인 현무암을 외부에 전시하고 관람자가 내부에서 외부의 풍광과 함께 전시물을 관람하는 방식으로 만들어진 전시 공간이자 명상 공간이다. 여타의 전시 공간과는 다른 개념을 보여주는 이 공간은 미술작품을 전시하는 개념이 아닌 자연 그 자체를 보여주는 제3의 미술관이라 할 수 있다.

코르텐 강판과 우레탄 소재로 만들어진 단단한 상자와 같은 모양의 이 미술관은 암흑과 같은 내부에 의도적으로 천장

에 구멍을 뚫어 인공의 쇠 꽃을 형상화했다. 어두운 상자는 원
시의 돌로 만들어진 공간을 의도한 것으로 갇혀 있는 느낌을
주지만, 인공적인 천장 개구부를 통해 쏟아져 들어온 빛이 시
간의 변화에 따라 이동하며 공간의 주인공이 되어 감성의 공
간으로 완성된다.

　위치의 흐름상 〈풍 미술관〉의 개방감 그리고 가벼운 나무
상자와 같은 공간을 체험한 뒤 언덕 위에 우뚝 서 있는 무거운
붉은 금속 상자를 만나는 것은 질감과 명암의 강한 대비를 느
끼게 한다. 내부 공간 또한 개방감 있던 〈풍 미술관〉과 대조
를 이루며 폐쇄적이고 어둡다. 내부는 반사를 가진 강판을 사

용해 외부재와 대조를 이루고, 공간은 단순하며, 슬라브로 들어오는 빛은 명상의 공간으로서 강한 힘을 전달한다. 관람자에게 제한없이 무언가를 연상하도록 유도한다.

전시 대상인 자연의 요소를 내부가 아닌 외부에 전시하여 공간 안의 관람자가 외부의 풍경과 전시물을 함께 관람하게 하고, 전시 대상인 돌을 제주 풍경을 배경으로 전시하여 자연 그 자체를 전시하는 미술관이 되었다. 대지의 일부분으로 신선한 공기를 마시며 호흡하고 있는 자연현상에 대한 소중함과 간절함을 느끼게 하는 공간이다.

외부 재료로 쓰인 코르텐 강판은 시간이 지나면서 오래된 느낌으로 부식되어 적색을 띠면서 따뜻한 느낌의 색감과 질감으로 변하면서 언덕 위에서 미술관이 하나의 오브제로 인

식되게 하였다.

〈석 미술관〉 뒷편 언덕으로 이어지는 길에는 부정형의 현무암들이 놓여져 있다. 그 길을 따라 바로 옆 언덕에 건물 자체가 땅에서 솟아나오는 듯한 형상을 한 〈두손지중地中 미술관〉이 있다. 〈석 미술관〉의 붉은색 코르텐금속마감의 정돈된 육면체 오브제와 색상과 형태의 대비를 보여주며 검은색 비정형의 형상을 하고 있는 〈두손지중 미술관〉은 제주도의 산방산을 바라보며 양손을 모아 기도하는 모습을 조형화한 형태다.

이러한 형상은 이타미 준의 자연에 대한 경외심의 표현이라 볼 수 있다. 철근콘크리트 상자를 땅속에 묻는 방법을 사용해 '흙의 상자'라고도 하는데, 이것은 각각의 변화하는 자연과 건축의 관계를 나타낸 것이다. 그럼 이러한 개념이 공간으로 표현된 상황을 확인해 보기로 한다.

흙과 건축이라는 의미를 담고 있는 이곳은 경사지형에 파묻힌 형상으로 전시실 자체가 땅속에 묻힌 '흙의 상자'가 의미하듯 밝은 진입부를 지나 한 번 더 계단을 내려감으로써 대지 깊은 곳으로 들어가고 있음을 보여주는 공간이 연출 되어있다. 오르내리는 지형의 특성을 살려 미술관 진입은 높은 쪽 북측과 낮은 쪽 남측 두 방향에서 진입이 가능하다.

〈석 미술관〉으로부터 언덕으로 이어지는 길을 따라 북측

진입부쪽을 통해 미술관으로 향한다. 지형이 완만하게 오르 내리는 비오토피아 대지의 특성을 살려 언덕위에서부터 시작 되는 〈두손지중 미술관〉 진입부는 땅속 방향을 향해 계단이 조성되어 있다. 외부로부터 시작된 이 계단은 길고 넓게 조성 되어 지하로 내려가는 긴장감을 연출하고 있다. 내부를 향해 출입문을 들어서면 정면 상부 전면창을 통해 자연의 빛이 눈 부시게 내부를 비추고 있다. 남향으로 난 맞은편 큰 창은 수직 이 아닌 약간 기울어진 각도로 되어 있는데, 이 창은 산방산으 로 향하고 있어서 자연을 보기 위한 프레임이기도 하다. 유민 미술관에서 우리는 안도다다오가 만든 자연을 보기 위해 개 방한 프레임을 통해 성산을 본 적이 있었다.

외부로부터 지하로 향하는 계단을 통해 어두워지는 빛의 양 을 경험하게 한 다음 극적으로, 역시 이 공간도 하나의 실로 구 성된 통층구조 공간을 만들어 수직으로 확장된 공간에서 자연 의 빛을 전시하는 개념으로 눈부신 제주의 빛을 우선 경험하게 한다. 내부공간의 형태는 외부의 조형적인 형태가 그대로 드 러나는 형상으로, 기도하는 손의 손가락들 같은 다양한 형태의 천장의 개구부로부터 공간의 깊은 곳까지 빛을 받아들이고 있 다. '흙의 상자'를 의미하는 전시실 마감은 노출 콘크리트와 도 장으로 마감하여 대지의 표면을 표현하고 있다.

이러한 양손을 모아 기도하는 모습을 형상화한 〈두손지중 미술관〉은 이타미 준의 자연에 대한 경외심의 표현이라 볼 수 있다. 낮은 쪽 방향 남쪽 파사드 쪽에 낸 하늘을 향한 듯한 경사진 큰 창을 통해 소녀의 옆 얼굴 형상의 산방산을 보여주고 있고, 조형성이 두드러지는 형태의 〈두손지중 미술관〉은 온전히 제주의 경관을 향해서 나온 형태라 할 수 있겠다. 북쪽 방향의 높은 쪽에서 진입하다 보면 미술관 지붕이 나타내는 삼각면과 생태공원 너머 산방산의 형상이 중첩되어 보인다. 내부로 들어가 직진하면 더욱 확연하게 큰 창을 통해 산방산을 향한 프레임이 만들어진다. 〈두손지중 미술관〉은 제주자연 전반의 순환하는 생태를 전시하고 있는 것이다.

이제 네 개의 미술관 중 마지막 미술관이면서 하일라이트와도 같은 〈수水 미술관〉으로 향한다. 〈수 미술관〉은 사각의 콘크리트 매스 위에 거대한 원통이 얹어진 형상이다. 그 위에 갓이라도 쓴 듯 반쯤 지반에 묻혀 있는 형상을 하고 생태공원 저 너머 산방산이 함께 보이는 곳에 자리하고 있다. 지형이 완만하게 오르내리는 비오토피아 대지

의 특성과 함께 22만 평의 광활한 생태공원이다 보니 이곳에서는 여기저기에서 산방산이 관망된다.

바깥쪽으로 감싼 건물보다 낮은 높이로 한겹의 레이어를 이루는 긴 콘크리트 벽이 진입부를 만들고, 그 길을 따라 〈수미술관〉 내부로 들어간다. 외벽은 제주도 토착 재료를 사용하여 마감하였고, 바닥 또한 제주 돌을 깔았다.

진입로는 ㄷ자형 겹벽의 양측에서 진입이 가능하다. 단조롭고 거친 흙회색 겹벽을 따라 돌아들어 서면, 텅 빈 공간에 하늘이 뻥 뚫려있다. 그리고 바닥에는 사각의 물이 채워져 있다.

입구에 멈춰 선다. 멈춰 서게 하는 공간 구성을 한 것이다. 직진하여 계속 진입할 수 없도록 계획되었고, 직각으로 돌아 들어가도록 되어 있다.

내부는 강한 입방체 공간 중앙 상부에 거대한 원형 개구부를 하늘을 향해 뚫었다. 거기 바닥 사각중정에 고요한 물을 가득 채워 하늘을 담아내고 있다. 아무도 없는 한적한 생태공원 한가운데 텅 빈 수 공간과 맞닥트리는 것은 초현실적인 느낌으로 다가온다. 종교 공간에 들어 선 듯 텅 빈 공간은 영적 성찰을 자극한다. 바닥의 사각형 수 공간은 하늘, 바람, 변화하는 자연의 빛, 그리고 관찰자의 모습까지 자연의 요소들을 담아낸다. 〈수 미술관〉은 수 공간에 자연을 전시하는 것이다.

이러한 공간이 주는 느낌은 입방체의 비례와 스케일의 독특함에서 온다. 그것은 수평방향의 거대함과는 상대적으로 천장을 낮게 배치하고 계획하여 그 천장에 일반적 스케일이 아닌 거대함이 느껴지는 크기의 원형을 뚫어, 넓은 입방체에 원형천장이 낮고 크게 위치하도록 계획하여 공간에 극적 대비를 만들었다. 수평으로는 넓게 확장성을, 수직으로는 수평의 확장성을 강조하기 위해 높이 방향은 낮게 설정한 점이 이 공간 계획의 포인트다. 기하학의 향연과 거대 스케일의 공간에 비하여 텅 비어 바닥에 단지 고요한 물만으로 채워진 공허감이 충격적이다.

근대건축을 이끈 일본의 대표적 건축가 단게 겐조는 사람들의 비율을 공간의 용적에 비교하는 체계를 사용하는데, 그것과 비슷한 기법을 이타미 준의 〈수 뮤지엄〉에서도 적용시켰다. 즉 바닥중앙에 거의 모든 면적을 거대한 수 공간으로 채워 공간을 비우고 하늘 방향으로 확장시키는 방식으로 공간을 최대한 확장시킨 것이다. 거기에 일정수 이상의 사람들이 증가할 수 없도록 주변에는 면적배분을 최소화하는 기법을 적용하였다. 공간 자체에 기념비성을 확보한 것이다.

일반적으로 볼 수 있는 수직적 기념비성과 차별화된 수평의 기념비성을 확보하고 있는 것을 확인할 수 있다.

텅 빈 정방형 입방체 공간은 거대한 원에서 내려오는 빛에 젖는다. 물을 통해 하늘의 움직임을 볼 수 있다. 물은 하늘의 움직임을 보여주고, 물이 자갈 위에서 부딪치는 소리를 들려주며, 공감각적 공간을 형성한다. 공간 안에는 자연형태의 돌 오브제를 배치하여 기하학적 공간과의 대비와 원시성을 드러내는 극적 효과를 만들고 있다. 앉아서 물의 촉각과 청각을 체험하는 명상의 공간을 만들고 있다.

　수水, 풍風, 석石, 지地를 주제로 계획된 네 개의 미술관은 물, 바람, 돌, 그리고 자연요소들을 모아 전시함으로써 잃어버린 자연에 대한 기억을 청각, 촉각과 함께 연상하게 하고 온 몸으로 공감하게 하는 공감각적 공간을 경험하게 해 준다.

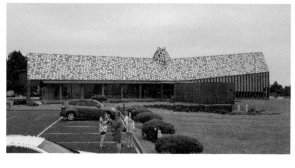

네 개의 미술관에 이어 〈하늘의 교회[방주교회]〉로 향한다.
이곳은 비오토피아 프로젝트 부지 내 미술관들로부터 다소
먼 서쪽에 자리하고 있다. 마치 물 위에 떠 있는 형상이다. 구
약성서의 노아의 방주를 모티브로 삼아 구현되어 '방주교회'
라고도 불린다. 〈하늘의 교회〉에 대한 설명은 이타미 준이 얘
기한 것으로 대신하려 한다.

"교회부지 면적은 약 3,600제곱미터 [1,000평]로 건축 면적에 충분히 여유가 있었다. 낮은 언덕으로 둘러싸인 대지에는 무성한 숲 사이로 빛이 새어 든다. 하늘이 역동적으로 흘러가는 그곳에 잠시 멈춰 서 있으면 마치 주위에서 공기와 빛이 달려가는 듯하다. 그건 다름아닌 하늘의 움직임 때문이다. 그 순간에 떠올린 이미지는 하늘과 빛이 달려가는 듯한 표층을 나타내는 형태였고, 그러한 건축을 만들자고 결정했다."

이타미 준은 이렇듯 주변환경의 느낌을 지붕의 역동적인 형태와 반짝임으로 나타내고 있다.

"최초의 이미지는 물 위에 떠 있는 배와 같은 조형이었다. 그러나 부지의 지형과 자연과의 일체감을 고려하고, 지붕선을 주변의 언덕이나 하늘을 의식한 조형으로 만들던 중 현재와 같이 물 공간을 남기고 그 위에 새로운 형태가 생겨났다."

"하늘을 의식한 조형이 어떤 것인지, 시시각각 변화하는 섬 특유의 하늘을 어떻게 역동적인 건축으로 표현할 것인지가 관건이었다. 건물의 지붕이라기보다 상부의 조형이 하늘과 어떻게 조응할지가 건축적 주제였다. 이처럼 하늘과 일체화된 건축을 중요한 주제로 하는 하늘 건축을 시도했다. 또한 새로운 실험적 측면에서 현대건축의 구체화를 어디에 어떻게 표현하는지도 중요한 항목이었다."

기술의 발달로 그 이전의 건축적 한계들을 극복할 수 있게 되었고 그것이 모더니즘의 보편성으로 나타난다. 국제주의 양식으로 보편성만이 강조되어 지역과 관계없는 획일화된 건축을 보여주고 있는 것이 현대도시들의 모습이다. 이타미준의 "또한 새로운 실험적 측면에서 현대건축의 구체화를 어디에 어떻게 표현하는지도 중요한 항목이었다." 라는 연설을 통해 자신만의 방식으로 현대건축을 구체화하려는 노력을 읽을 수 있다.

세계화와 지역화가 동시에 일어나고 있는 상황에서 지역문화의 가치를 지역의 풍토에 대한 존중으로 이어간 건축가 이타미 준의 작품들에서 새로운 건축의 패러다임을 읽을 수 있었다.

건축가들은 현대사회가 요구하는 건축의 새로운 실험적 측면을 추구하고 있다.

국제주의 이후 건축가들은 장소, 공간의 역사적 배경, 지형 등으로부터 자유로워진 건축이 가능해졌다. 그러나 지나친 보편성으로 지역의 토착적 건축이 사라지게 되었고, 현대도시에는 지역성이 상실된 국적 불명의 모작들이 자리를 차지하고 있다. 지역 전통의 계승은 단절되고 만 것이다. 이런 문제점을 지역성 탐구로부터 대안을 찾으려는 경향이 대두되고 있는데, 건축가 이타미 준의 공간들에서 자연에 대한 존중과 지역적 맥락과 전통적인 맥락을 탐구한 흔적을 확인할 수 있었다.

근대의 합리적 건축이 수직과 수평의 형태로 기능에 함몰되었다고 보고 현대건축이 나아갈 방향을 일련의 건축가들은 비정형의 건축을 시도하며 공간과 형태의 다양성을 시도하기도 한다. 거기에 근대건축이 잃어버린 수공예적 요소까지를 고려하고 있다. 이타미 준의 새로운 실험적 건축이라는 표현은 이러한 맥락에서 나온 것이다.

인간과 환경의 매개로써의 건축을 추구하며, 자연과 건축의 관계를 지역성과 함께 연결한 비오토피아 프로젝트들을 통해 이타미 준의 건축여행을 마무리한다.

본태박물관

거장들의 자연과 건축과 예술의 만남

전통과 현대가 공존하는 건축을 만나는 시간

| 안도 다다오Ando Tadao

〈본태박물관〉을 설계한 건축가 안도 다다오安藤忠雄, 1941.9.13~는 1995년 건축계의 노벨상인 프리츠커상을 수상한 일본의 세계적 건축가다. 트레이드 마크인 노출 콘크리트에 빛과 물을 건축요소로 끌어들여 건축과 주변과의 조화를 고려하는 그의

건축 철학이 담겨있는 〈본태박물관〉은 '제주도 대지에 순응하는 전통과 현대'를 콘셉트로 하여 설계되었으며, 이곳에서는 전통공예품과 현대미술품을 전시하고 있다. 비판적 지역주의와 관련한 현대건축계의 대표적 비평가인 케네스 프램튼은 안도 다다오를 아시아를 대표하는 건축가로 꼽고 있다.

건축에서 비판적 지역주의는 근대건축의 무미건조함에 대한 반동으로 나타난 포스트모더니즘 건축이 과거 건축의 단편들을 재현하면서 복고주의적인 차원에서 머무르는 것에 대해 반대의 입장을 취하면서 자기 비판적으로 토착문화를 재해석하려는 하나의 건축태도이다. 따라서 비판적 지역주의는 근대건축의 진보적인 유산들은 계승하면서 지역문화를 재해석하여 수용하려 한다.

이런 태도가 나타난 배경을 간단히 살펴본다. 1960년대 이후 건축계는 국제주의 양식이 세계 각국으로 전파되면서 모더니즘 건축은 기능주의, 전통과의 단절, 무장소성의 한계 등으로 지역의 장소성을 잃고 개별성만을 표현하는 문제점이 야기되었다. 그 결과 세계도시가 특색을 잃고 획일화되는 것에 문제의식을 갖게 된 것이 비판적 지역주의의 배경이다. 결론적으로 모더니즘의 당위성을 의심하고 지역성에 대한 관심을 가진 지역주의 건축이 등장한 것이다. 일반적으로 말하는 지역주의는 서구문명의 맹목적 수용이 아닌 지역 고유의 전통문화를 바탕으로 근대화를 추구하는 저항적 운동으로 말할 수 있는 풍토건축에서부터 시작된다.

안도 다다오는 세계화의 소용돌이 속에서 일본이라는 브랜드가 창출해낸 훌륭한 공간적 표현의 생산자라 할 수 있다. 형태 위주의 가벼운 모양 양산 등의 반성이 요구되는 시점에서 일본의 전통적 색채를 훌륭하게 드러내고 있는 건축가다. 그의 제주 프로젝트를 통해 그가 건축 작품에 드러낸 한국전통문화와 현대건축의 관계를 읽어보는 기회와 한국적 디자인 정체성의 실체를 확인하는 공간이 되기를 바란다.

안도 다다오는 물과 빛, 노출 콘크리트의 건축가로 불리며, 완벽한 기하학적 구조가 절묘하게 자연과 어우러지는 평온하고 명상적인 공간을 창조하는 건축가로 유명하다. 그의 건축은 자연과의 조화가 두드러지는데, 건축물 속의 '물'은 얇고 조용하며 잔잔하고, 건축물과 매우 인접하여 하나로 인식되기 때문에 편안함과 경건함을 준다. '빛'과의 조화 역시 매우 중요한 자연 요소 중 하나이므로, 자연적인 빛을 이용해 어둠과 밝음을 극대화시키고 공간을 강조한다. 이렇게 물과 빛, 그리고 바람, 나무, 하늘 등 자연은 그의 건축물과 긴밀하게 결합하고 있다. 또한 투명한 소재인 유리와 노출 콘

크리트를 사용함으로써 간결하고 단순하지만 차갑지 않은
느낌을 받게 하면서 자연에 더 가까이 다가갈 수 있게 한다.
2013년 〈뮤지엄산〉, 2012년 〈본태박물관〉, 2009년 〈유민미
술관(지니어스 로사이)〉에서도 안도 특유의 주변 자연환경을
프레임에 틀짓는 방법으로 경외감을 갖게 하는 자연 보기 등

이 나타난다.

〈본태박물관〉은 비오토피아 인근에 위치해 있다. 2012년 〈본태박물관〉의 개관으로 제주 서쪽 핀크스 비오토피아 단지 인근 지역 관광객들에게는 또 하나의 볼거리가 제공되었다. 〈본태박물관〉의 '본태本態'의 의미는 본연의 모습이란 뜻으로, 한국 전통공예품을 전시하며 인류의 문화적 소산에 담긴 본래의 아름다움을 탐구하는 복합문화공간을 추구한다는 의미이다. 소장품을 통해 한국공예의 미래가치를 탐구하고 한국 전통문화의 아름다움을 국제사회와 나누는 것을 목표로 개관한 만큼 제주를 방문하는 세계 관광객들에게도 한국의 전통문화를 알리는 박물관이 될 것으로 기대된다.

〈본태박물관〉을 설계한 안도 다다오는 제주 지역 건축의 특성과 맞물려, 지형을 이해하고 자연을 의식하면서 인공의 것과 자연의 것이 융합하여 이루어지는 일본건축을 지역주의 건축으로 이해하였다. 안도는 자신의 작품에서 전통문화 요소를 통해 일본의 전통적 색채를 훌륭하게 드러내었고, 해외 프로젝트에서도 지역이나 장소에 뿌리를 둔 그 지역의 문화적 환경을 구체화하는 건축을 추구했다. 건축가 안도 다다오를 〈본태박물관〉의 건축가로 선정한 것은 이런 맥락으로 이해된다.

그가 설계한 국내 최초의 박물관이기도 한 〈본태박물관〉

을 살펴본다.

ㄱ자형 두 전시동 사이에 위치한 현대화된 전통 기와 담장이 박물관 주변과 내부 곳곳에서 배경처럼 보인다. 이 전통 담장은 두 전시동 사이 중심 공간에 조성된 예술적인 수 공간을 따라 축을 이루며 중심을 관통한다. 또한 외부를 경계짓는 역할을 포함하여, 공간의 성격을 나누고 연결하며 전통 고미술품 전시 공간이라는 맥락을 이끌어가는 중심요소 역할을 하고 있다.

현대화된 전통 담장을 먼저 살펴본다.

궁장이라 하는 궁궐의 담장은 궁궐이나 왕가의 제사 시설인 종묘 등에 쓰였던 담장으로 특별히 높다. 화강석으로 된 장대석을 쌓는데 여기에서는 콘크리트가 장대석 역할을 한다. 그 다음 사고석을 쌓고 기와지붕을 올리는 구조로 이루어지는데, 궁장의 높이로 인해 빗물이 들이치는 것을 방지하기 위해 기와지붕을 더 길게 내밀게 된다. 이때 목조건축의 서까래처럼 지붕을 지지하는 원형의 양동이라는 부재를 설치하게 된다. 바로 이 양동의 요소를 응용하여 벽 전체에 조형적으로 적절하게 배치하여 현대적으로 재해석한 것을 볼 수 있다.

　〈본태박물관〉의 연못 쪽 담장 끝에 보이는 소나무 문양의 화담 또한 전돌과 문양이 있는 기와인 문양전을 사용해서 만든 궁궐에서만 볼 수 있는 특별한 요소다. 궁궐에서 화담은 궁궐 내에 정치 관련 공간에는 사고석과 전돌로 담장을 쌓았고 왕과 왕비가 쉬는 내전에는 문양을 낸 화담을 설치했는데, 경복궁의 대비가 머무는 교태전, 왕비의 처소였던 자경전 등의 담장에서 사군자, 십장생, 문자, 기하학적 문양 등 무병장수 등의 의미를 담은 다채로운 무늬와 색깔의 꽃담장의 미학을 볼 수 있다.

　여기에서도 소나무 화담이 눈길을 끈다. 이 화담이 아이 스톱 역할이라도 한 듯 다가가게 된다. 그 담장 바깥 잔디밭에 석탑 하나가 서 있다. 특별한 안내는 없다.

건축물에 적용된 노출 콘크리트와 기와 얹은 담장은 절묘하고 멋스럽다. 다만 전시장 마무리에서 연결되는 연못 주변 조성과 담장 밖 석탑과 그 주변 구성에는 아쉬움이 남는다.

호수 근처 작은 뜰에는 전통 담장을 경계로 첨성대 모형이 있다.

〈본태박물관〉은 현대가의 며느리 이행자 여사가 40여 년 동안 취미로 '수집'한 전통 수공예품을 전시할 목적으로 지어 졌다. 이곳에는 전통 한옥에서 사용했던 조선시대 생활용품 이 고르게 수집되어 있다. 책장, 책탁자, 문갑, 서류함 등과 같 은 가구부터 담배함, 좌등, 재판 등의 일상용품과 자개농, 장, 경대, 반짇고리 등 규방의 화사한 물건들, 찬장, 뒤주 등의 주 방가구, 그리고 조선시대 목공예품인 소반, 선과 빛의 아름다 움이 돋보이는 조각보 등 민간 공예품까지 다양한 전통 공예 품이 모여 전통미술박물관을 구성하고 있다. 이와 같은 전통 수공예품들은 삼각 마당을 품은 호수 앞 제1관에 전시된다. 그 외에 경사지 위 뒷편 사각형 마당을 품은 제2관에서는 현 대미술품들이 전시되고, 그 뒤편 지하별관동에는 두 영역으 로 구분되어 쿠사마 야요이 작품과 전통 장례문화 관련 공예 품들이 전시되고 있다.

　〈본태박물관〉 건축물은 경사진 대지의 성격을 살려 공간 적 조화를 이루기 위해 서로 다른 높이에서 만나는 삼각과 긴 사각 마당을 가진 두 공간으로 구성되었다. 두 개의 L자형 볼 륨은 동질감을 가지면서도 단의 차이를 두고 만나는 곳에 한 국 전통담장과 수 공간을 두는 등 다양한 공간감과 느낌을 연 출한다.

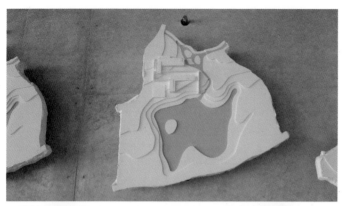

안도 다다오의 트레이드 마크인 노출 콘크리트는 빛에 대한 반응과 재료의 단단함, 미려한 색채, 자연과의 조화를 수준 높게 보여준다.

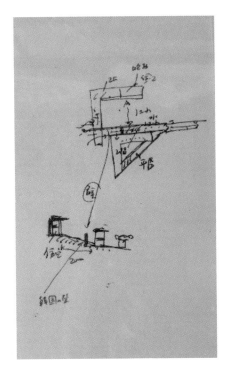

전시관은 전시 내용과 프로그램에 맞춰 이원적으로 구성되었는데, '제1관'은 전통 미술품과 수공예품에 적합한 소박하고 휴먼스케일에 맞는 공간들의 반복으로 구성되었고, '제2관'은 높이의 볼륨감이 강조된 공간으로 현대미술품과 다양한 문화행사를 수용할 수 있도록 구성되었다.

아래쪽 콘크리트 담장으로 구획된 주차장으로부터 완만한 오르막을 이루는 길을 따라 외부로부터 박물관 진입을 위해 주동선에 들어서면 계단을 두어 포디움을 형성하며 콘크리트 구조물군 사이 중앙에 한국 전통 공법과 의장으로 만들어진 담장이 나지막이 한 개의 묵직한 점으로 위치한다. 현대건축물과 현대사회의 한 가운데 조선시대 문화를 담고 있는 전통공예품들을 위한 박물관이라는 의미였을까. 콘크리트 벽들 사이에서 전통담장이 눈길을 끈다. 콘크리트 담장을 양쪽으로 나눠 개방한 듯 보이는 콘크리트 담장 사이에 전통담장이 있다.

그 너무 보이는 제2전시관은 안도 다다오의 대표작인 물의 교회에서 보이는 게이트형 가벽이 우측 날개로 보인다. 담장 뒤 높은 건물은 제2전시관으로 오픈된 사각의 상부 개구부가 주출입구이다. 우측 날개벽 사이로 제1전시관을 연결하는 수 공간이 조성되어 있다.

이곳 전통담장이 보이는 부분은 진입 동선과 제1, 2전시관을 연결하는 동선들이 교차하는 세 겹의 통행로가 겹치는 레이어가 형성되어 있다. 첫 번째 레이어를 이루는 콘크리트 벽 우측으로 진행해 가면 매표소겸 본태숍 건물동으로 향하게 된다. 진입로 계단을 올라 우측에 티켓박스와 숍이 위치한다.

　　티켓박스에서는 안도의 건축에서 나타나는 수평과 수직, 무거움과 가벼움 등의 대비적 요소가 강하게 나타난다. 사방으로 내민 묵직한 지붕의 처마가 수평으로 드러나며 가벼운 유리벽과 강한 대비를 이루고 있다.

　티켓박스를 향해 다시 내리막 경사를 따라 진입하는 긴 통로는 좌측의 높은 콘크리트 담장과 우측의 낮은 조경 너머 산을 향해 개방된 통로인데 티켓박스 좌측 좁고 긴 통로 끝에 다다르게 된다.

　좌측 노출 콘크리트의 높은 벽과 우측의 낮은 조경으로 이루어진 반개방된 공간 구성은 안도 다다오 건축의 대표적인 진입 공간에서 볼 수 있는 특징 공간으로, 이 건축적 산책로를 따라가다 보면 막다른 곳에서 정면으로 제주의 풍광과 산방산을 한눈에 관망할 수 있다. 제주자연을 잠시 관망하고 본격적으로 전시관을 살펴본다.

제주의 자연을 확트인 전망으로 조우한 뒤 뒤돌아 나오다
보면 우측에 높고 얇은 콘크리트 담장에 개구부가 나 있다.

두 건물 사이 공간으로 눈을 돌려 개구부로 들어서면, 한국
전통공법과 의장으로 만들어진 전통담장과 직선으로 뻗은 내
려가는 경사로로 이루어진 통로를 따라 좌측에 긴 물의 정원
이 나타난다.

전통담장을 따라 두 건물 사이에 자리한 수 공간

　　경사지에 위치한 두 동의 미술관 사이에 조성된 정면으로
쭉 뻗은 직선의 수 공간에는 현대적인 직선의 콘크리트의 강
한 물성과 전통담장의 부드럽고 다채로운 물성이 대비를 이
루며 제주하늘을 비추고 있다. 현대와 전통의 요소가 대비되
며 조화를 이루는 강한 인상을 주는 공간이다. 수평과 수직,
매끄러움과 거침, 현대와 전통, 점·선·면 그리고 매스들이
다채롭게 구성된 역동적이면서도 정적인 차별화된 공간이다.

　미술관 내부로 입장하기 전 주변을 좀 더 살펴본다. 수 공간을 따라 경사로를 끝까지 내려가면 카페 앞 호수가 나타난다. 전통담장이 끝나는 곳에서 담장을 좌측으로 하고 계단을 다시 오르면 제2전시장 앞 직사각형 마당을 만나게 된다. 마당을 지나 게이트를 통과하면, 처음 진입할 때 보이던 레이어를 이루는 주출입구와 다시 만나며 돌아오게 된다.

　매표소 옆 확 트인 전망을 보고 뒤돌아 나오는 길을 조금 더 진행하여 우측의 두 번째 개구부로 진입하면 제2전시장 입구가 나타난다.

이처럼 전시장 주변은 뫼비우스의 띠처럼 서로 연속되어 순환하는 구성을 하고 있다.

밝고 확 트인 시야를 경험한 뒤 만나는 다소 폐쇄적인 외부 공간에 나타난 긴 물의 정원에서는 하늘과 그 하늘을 비추는 물을 느끼며 다음 전시장으로 진입하게 된다. 빛과 어둠, 하늘과 물의 조화로 자연에 가까운 건축을 보여주는 안도의 건축 철학을 확인할 수 있는 공간이다.

박물관 측에서 계획한 관람 동선은 매표소, 제2전시관, 제 3, 4전시관, 제1전시관의 순서다.

먼저 제2전시관의 현대미술을 관람한 뒤, 이 물의 정원을 따라 걷다 보면 수 공간을 횡단하는 다리를 건너 우측 제1전 시관으로 유도된다. 제1전시관은 한국 전통공예품 전시 공간 으로 경사지의 특성상 2층에서 진입하여 전시가 시작된다. 2층 높이의 1층까지 열린 홀이다.

제1전시관 진입을 위한 다리에서 뒤돌아 본 게이트

다리를 지나 제1전시관 입구를 지나 나타나는 삼각의 중정

제1전시관 입구를 들어서면 지형의 특성으로 2층에서 진입되어 1층까지 한 획의 통층구조로 이루어져 있다. 전반적인 공간 특징은 한옥의 공간들에서처럼 복도 없이 한 공간이 차례대로 펼쳐지는 소박하고 인간적인 규모의 공간이다.

계단으로 내려간 1층의 한쪽 벽 하단에 가로로 긴 창이 나 있다. 그 틈으로는 자연의 빛이 은은하게 유입된다. 그 밖 삼

각의 사이 공간에는 석탑이 전시되어 도자기들 사이로 중첩
되어 보인다.

다양한 소반과 목가구, 보자기 등을 전시하여 화려함과 소
박함, 단정함과 파격을 동시에 보여주는 전통 수공예품을 감
상할 수 있다.

전통 미술품 전시관의 전시실들은 각각 한 개의 볼륨 공간
으로 구획되었는데, 삼각형 중정은 레벨 차에 의해 형성된 전
시홀 간의 완충 공간 역할을 한다. 이곳에 제주 텃밭을 모티브

로 한 조경이 조성되어 있다. 중정 난간 너머로는 본태박물관 정면에 조성된 호수와 그 너머의 비오토피아 쪽 제주 전경이 펼쳐져 조망할 수 있다. 이러한 공간을 연결하는 곳에서의 자연의 현상을 적극적으로 느끼고 경험하게 하는 건축적 장치는 안도 다다오의 건축 공간에서 특징적으로 볼 수 있는 즐길거리이다. 다소 어둡고, 소박하고, 인간적 스케일의 공간을 지나 또 한번 자연의 확장된 뷰를 보여주는 방식으로 자연 요소를 도입하여 전시동선 전체에서 완충 공간 역할을 하도록 한 것이다. 제1전시관 실내 공간의 볼륨에서도 진입부에서 1, 2층을 수직으로 개방한 다음 천장이 상대적으로 낮고 긴 공간들로 연결되는 구성을 적용했다. 직사각형의 실내 전시 공간들을 지나 삼각형의 외부 중정을 만나게 되는 계획의 흐름 또한 눈여겨 볼 요소이다.

뫼비우스의 띠처럼 외부로부터 수 공간을 따라 완만한 경사로를 내려와 2층에서 전시관 내부로 진입하고 계단을 통해 1층으로 그리고 장방형으로 긴 전시홀을 통과하여 삼각의 외부 중정까지 이어지는 전시를 따라가게 되는 동선이다.

다시 장방형의 내부 전시홀로 이어진다. 이곳에는 전통혼례와 관련된 공예품들이 전시되어 있다.

제2전시관은 기획전과 안도 다다오를 위한 공간으로 깊은 처마 아래로 높은 홀과 주전시실이 연결되는 개방감이 있는 공간으로 이루어진다. 1층에는 팝아트 조각가 데이비드 걸스타인의 '불타는 입술' 등이 전시되었고, 2층에는 비디오 아티스트 백남준과 안도의 특별한 공간이 양분되어 있고 브리지로 서로 연결된다.

2층 실내 다리를 지나면 본태박물관의 건축 과정을 볼 수 있
는 스터디 모델이 있다.

　순환하는 좁은 통로를 통해 마지막에 다다른 곳은 한국의 모시 조각보를 형상화한 스테인드글라스 벽이 있는 가부좌 공간이다. 잠시 머문다. 안도 다다오의 '명상의 방'이 좌식의 전통 공간으로 계획되어 있다.

외부로 나와 미술관 뒷마당으로 이어지는 제3관은 쿠사마 야요이 상설전 공간으로, 대표작 '무한 서울방 – 영혼의 반짝임 2008'과 한 점의 야요이 작품이 영구 설치되어 있다.

제4관은 진입부 계단을 통해 지하에 조성되어 있다. 우리
나라 전통 상례를 접할 수 있는 '피안으로 가는 길의 동반자 –
꽃상여와 꼭두의 미학 전'을 만나게 된다. 꼭두와 상여들 그리
고 상례문화와 관련된 공예품들로 구성되어 있다. 전통 상례
공예를 통해 목공에 상어를 만나는 장엄한 경험을 할 수 있다.

안도 다다오는 박물관이라는 공간에 제주의 자연을 녹여 넣으면서 전통미술과 현대미술이라는 스케일과 작품의 성질이 다른 예술품들을 인접한 두 개의 건물에 위화감 없이 마련하는 것이 건축 설계의 과제였다고 한다. 그 해답으로 그는 자신의 건축 특징인 완벽한 기하학적 구성을 시도하는 두 개의 L자형 평면에 천장고가 높은 한 개의 층으로 이루어진 통층 구조 공간을 많이 배치함으로써 공간의 개방감을 확보했다. 닮은 형상의 두 개의 평면의 병립으로 시설 전체에서 공통의 리듬과 조화가 이루어진다. 그 두 개의 매스가 내포하는 공간은 또 다른 역할을 하고, 서로 다른 형체가 긴장감을 가지면서 조화를 이룬다.

미술품뿐만 아니라 제주의 아름다운 자연과의 만남, 그것들과의 대화 속에서 방문할 때마다 새로운 자신을 발견할 수 있는 공간이 되기를 원했던 건축가 안도 다다오의 기대와 바람이 관람객들에게 실현되기를 바라는 마음이다.

전시장 내부를 돌아나오는 길에 보이는 외부 호수에 흰 오리들이 한가하다. 호숫가에 있는 이스라엘 출신 팝아트 조각가 데이비드 걸스타인의 작품 'Euphoria, 행복함, 희열'은 발랄하기만 하다. 삶의 풍경에 담긴 즐거운 에너지와 기운을 위트 있게 표현하는 작품이다.

　　박물관 외부 건축물 사이 마당 공간 요소요소에 대형 조각
들이 전시되어 있다. 하우메 플렌사의 알파벳으로 만들어진
웅크린 사람 모습인 'Children's Seoul'은 아래가 열려 있어 사
람들의 참여로 조각에 생기가 불어넣어지기를 바라는 조각가
의 의도가 담겨 있다고 한다.

　　몸의 퍼포먼스로 그림을 완성하는 특징의 이브 클라인의
부인이자 이브 클라인에게 영감을 주었던 뮤즈인 조각가 로
트르 클라인 모콰이의 붉은색 작품 〈Gitane〉가 전시되고 있
다. 알루미늄에 페인팅한 이 작품은 프랑스어로 집시라는 의
미이다. 춤추는 듯한 집시의 모습으로 자연과 작품의 하모니
를 몸짓으로 표현한 것이라고 한다. 무채색 노출콘크리트 배
경의 야외 공간에 생동감있는 색상과 형태로 활기를 부여하
고 있다.

PART

03

지역으로 떠나는
미술관 건축 여행 _4곳

뮤지엄산

원주에서 감상하는 건축 거장들의 자연과 건축과 예술의 만남

인간과 자연, 자연과 예술의 모습을 경험하는 시간

| 안도 다다오Ando Tadao

강원도 원주에는 자연과 예술을 한 공간에 표현한 건축가 안
도 다다오의 〈뮤지엄산〉이 있다.

한솔 오크밸리 리조트 중심에 위치한 〈뮤지엄산〉은 2013
년 5월에 8년 간의 준비 끝에 개장하였으며, 초기 '한솔뮤지엄'

이라는 명칭에서 개칭되었다.

첩첩이 펼쳐진 산들을 지나 〈뮤지엄산〉에 하차하면, 자연의 거친 질감을 한 파주석의 웅장한 사각 벽체에 〈뮤지엄산〉 로고가 하늘을 배경으로 경사로 위에 서서 맞이한다. 웅장함을 극대화하기 위한 지형을 활용한 배치다. 기울어진 원추형 담장으로 감싸인 웰컴센터가 나란하게 안쪽에 있다. 육면체와 원추형이 대비를 이루며 하늘을 배경으로 매시브하다.

자연의 산을 기하학적으로 추상화하면 원뿔형일 게다. 원추형 하부는 건축 공간이 되고 상부는 수평으로 잘라 〈뮤지엄산〉의 로고가 되었다. 웰컴센터 진입게이트는 원시 느낌 원추형 매스의 높은 파주석 담장에 직선의 콘크리트 보가 돌출되지 않은 채 담장 안쪽을 암시하며 단순하게 나 있다. 외부와 차단하는 진입부의 높은 벽은 안도의 건축 공간에서 자주 등장하는 방식이다.

자연과 접하는 경계인 거친 질감의 돌 마감 그 안쪽 영역은 노출 콘크리트인데, 이는 자연과 다듬어진 인공의 경계, 차안과 피안의 세계에 대한 〈유민민술관(지니어스 로사이)〉에서도 보여준 기법의 바리에이션이다. 거친 제주 자연이 만들어낸 무거운 암흑색 제주현무암을 적용했던 〈유민민술관(지니어스 로사이)〉과 강원도 자연이 만들어낸 듯한 연갈색 파주석의 거침 정도는 자연이 갖는 척박함의 강도를 은유하는 것이겠다.

웰컴센터 입구의 가늘게 반복된 원형의 열주랑은 무겁게 돌출된 지붕의 수평재를 떠받들며 무거움과 가벼움의 대비를 이룬다. 수평과 수직, 무거움과 가벼움, 선과 면, 솔리드와 보이드, 매끄러움과 거침과 같은 대비의 향연이 펼쳐진 하늘로

열려있는 공간이다. 웰컴센터 내부 공간도 점·선·면, 직선
과 곡선을 이용한 공간에서 노출 콘크리트와 유리 그리고 목
재와 자연석이 매끄러움과 거침, 가벼움과 무거움 등 질감의
대비를 강하게 드러내고 있는 모습이다.

총 길이 700미터가 되는 뮤지엄 전시동을 향한 여정은 천
상의 화원을 지나는 것에서부터 시작된다.

패랭이꽃이 드넓게 펼쳐진 플라워 가든과 그곳에 강철 빔으로 만들어진 마크 디 수베로Mark Di Suvero의 거대한 붉은 설치작품 'For Gerald Manley Hopkins'는 바람이 불 때마다 움직인다. 마크 디 수베로는 전세계의 주요 미술관에 작품이 소장되어 있는 작가로, 버클리대학에서 철학과 미술을 전공했고 산업사회의 폐기물인 고철, 알루미늄을 다듬지 않은 채 조립하여 만드는 작업을 하는 작가로 유명하다. 구성주의 영향을 받은 그의 작품은 도시의 정형화된 틀을 벗어나 개방적이고, 소통

을 유도하는 역동적인 힘을 공간으로 표출하는 메시지를 통해 주변환경을 압도하고 있다.

플라워 가든을 지나며 이어지는 하얀 수피의 자작나무 길은 평화롭고 고요하기만 하다. 인제와 횡성의 자작나무 숲을 떠올리며 그 길을 따라 걷는다.

끝자락 좌측에 물 위에 선 높은 콘크리트 옹벽과 전면 자연석의 성곽 같은 벽이 상호 관입하며 전통 고택의 헛담과도 같

은 구조를 한 채 미술관으로의 진입을 연다.

내부였던 공간에서 또 다른 내부로의 진입을 상징하는 교차된 거대스케일의 구조체를 지나 왼쪽으로 돌아선다. 뮤지엄산이 저 멀리 있다. 미술관 주변 바닥이 온통 물로 둘러싸인 워터가든이다. 마치 부유하는 듯 물 위에 떠 있는 형상의 미술관이다. 관람객은 물 위에 서 있는 느낌이다. 경치를 숨겼다 들어내는 장경기법이다.

뮤지엄으로의 진입은 순수하게 예술품과 함께 원초 자연의 일부였던 객체로 돌아가 보는 시간과 공간의 시작을 나타내는 우회일 것이다. 온통 혼잡하기만 한 일상으로부터의 여과의 길을 지나, 이제 돌아서서 보이는 넓고 잔잔한 보도 높이의 수면은 자신마저도 수면 위에 서 있는 느낌을 갖게 한다. 안도

다다오의 건축은 안과 밖을 향해 시선을 열고 닫으며 자연과의 관계를 정의하고 있다.

워터가든 중앙에 미술관을 향해 직선으로 쭉 뻗은 채 잔잔한 수면을 좌우로 가르는 긴 직선의 진입로 초입에는 원형 파이프를 이용한 알렉산더 리버만Alexander Liberman의 붉은색 설치조형물인 'Archway'가 게이트 역할을 하며 서 있다. 이 게이트를 통해 미술관 입구로 진입한다. 마치 물 위를 걷는 듯 현실이 아닌 것만 같은 느낌으로 실제 미술관 내부에 대한 호기심과 기대가 함께 한다.

10미터 남짓한 이 길을 걸으며 일상의 무게를 털어내고 미술관으로 들어서는 순간은 오로지 자연인으로서 자신만의 시간과 공간으로 들어서는 과정이다.

뮤지엄 본관 건축물은 단순한 사각피라미드형 매스로 이 또한 산의 형상을 기하학적 형태로 나타내고 있다. 뮤지엄 본관 입구는 밝고 걸어오던 직선로의 연장을 치환하여 상부에 직선의 조명이 있고, 그 아래 모든 것을 덜어낸 듯한 자코메티의 조각상이 서 있다. 그 너머에는 삼각의 중정 공간을 두어 큰 규모의 뮤지엄 내부에 자연의 빛을 통한 채광과 볼 거리를 도입하였다.

뮤지엄 본관 입구. 밟고 걸어오던 직선로에 이은 상부의 직선 조명 아래의 자코메티 조각과 그 너머 자연의
빛을 유입시키는 삼각의 중정 공간

미술관 외벽 파주석 벽의 상부는 지붕과 사이를 떨어뜨려
벽 상부 마감은 노출 콘크리트로 이어지도록 한 디테일이다.
구조를 이루는 콘크리트 벽으로 연결하는 방식이다.

서양의 1920년대 구성주의 건축을 떠올리게 한다. 당시 구성주의를 기반으로 한 '리얼리즘 선언'에서 페브스너 등은 신세대의 창조에 대한 선언문을 다음과 같이 발표하였다.

"생명의 진실을 전달하기 위해서는 공간과 시간의 두 가지 기본적 요소에 입각하지 않으면 안 된다. 양괴量塊는 유일한 공간적 요소는 아니다. 시간의 진정한 성질을 나타내기 위해서는 역학적인 다이내믹한 요소가 쓰이지 않으면 안 된다."

이후 네델란드의 데스틸De Stijl은 건축에서 이러한 이념을 가지고 건축을 실행하고자 했다. 건축에서 고정된 형태를 배제하고, 건축을 요소적이며 무정형으로 구시대의 모뉴멘탈한 조형적인 개념을 교체한다. 내외부의 분리를 없애고 벽을 개방하여 공간뿐 아니라 시간의 차원을 고려한다. 반입방체적 단조로운 반복과 대칭을 제거하고, 정면 편중주의를 벗어나 색채를 건축과 함께 유기적인 표현수단으로 삼아 모든 예술의 요소적인 발현을 건축에 종합함으로써 그 본성을 나타낸다는 내용이었다.

데스틸 선언을 염두에 두고 안도 다다오의 건축을 바라 본다면, 미술관 건축 공간이 시간성을 갖기 위해서 벽은 구조로부터 자유로워진 상태에서 단지 공간을 구획하는 역할을 하면서 공간 간의 상호 연결을 구현하기 위한 방식을 취한 기법이다. 이 근간에는 근대건축 4대 거장 중 한 명인 미스 반 데로에의 〈바르셀로나 파빌리온〉이 있다.

지붕과 떨어진 벽의 상부 간격은 내부 복도에서 보면 그 사이로 들어오는 빛이 간접조명을 대신하게 되고 뮤지엄 내의 각 전시장을 연결하는 전체 동선을 따라 끝없이 자연의 빛이 유입되는 형국이 된다. 노출 콘크리트 구조체가 건물을 지지하고 외벽은 외부 공간과 내부를 경계짓지만 전시장의 특성상 자연채광의 유입이 전시물에 미칠 영향으로 인해 이중의 벽체를 구상하여 끊임없이 현재의 외부 자연 상태를 내부에

서도 체감할 수 있도록 한 것이다. 이러한 방식은 전시장에서 전시장으로 이동하는 동안에 나타나는 하부를 개방한 창을 통해서 보다 적극적으로 드러난다.

외벽은 외부와의 경계 역할을 하면서 자연을 유입시키는 역할을 하고, 구조는 콘크리트 내벽이 그 역할을 담당하고 있는 것이다. 그 사이 미술관 주변 통행 공간은, 전시 공간에서 예술 작품을 감상한다면 이 통행 공간에서는 자연을 내부로 연결하여 자연과 인간이 조응하는 공간이 되는 것이다. 미스의 〈바르셀로나 파빌리온〉에서는 자유로운 벽을 위해 여덟 개의 I자형 철재 기둥이 존재하였다면, 안도의 뮤지엄산에서는 미스의 1920년대 근대 공업적 신재료를 사용하던 그 시대와 현대건축에서 신재료와 기술의 적용에 대한 천착의 결과인 것이다.

결국 안도 다다오는 시간 개념 반영을 위해 파주석 벽의 상부와 하부 개방하여 내부 콘크리트 벽으로 비춰지는 빛에 의해 시시각각 변화하는 자연의 빛을 끌어들여 시간의 개념을 건

축 공간 내부에 끌어들이는 수법을 사용하였다.

뮤지엄 본관 내부는 비정형의 기하학적 형태로 전시 공간을 중앙에 배치하고 관람자는 주변을 순환하는 동선으로 구성하였다. 또 요소요소에 나 있는 전면 창과 하부 창을 통해 주변의 외부경관들을 내부와 연결시키고 있다. 관람객들은 전시장들을 연결하는 미술관 주변을 순환하는 것과 같은 동선을 따라 건물 주변의 자연경관과 수시로 조우한다. 길게 순환하는 통행로들은 노출 콘크리트의 전시실 벽과 자연석 마감의 외벽의 대비공간에 자연의 빛이 동선을 따라 유입되고 있다.

주출입구홀 우측 외부에도 수경 공간을 만들어, 지형이 가지고 있는 레벨 차를 살려 천수답과 같은 계단형 입구에 수평의 수면과 벤치를 놓아 휴식 공간을 제공한다. 이곳은 거대하게 높은 뮤지엄 담장과 자연으로 둘러싸인 공간으로 벤치의 위치에서 수경 공간을 내려다 볼 수 있다.

잠시 휴식을 취한다. 수 공간 안쪽은 어김없이 현대사회의 빼놓을 수 없는 문명인 커피숍이 있다. 청명한 가을날, 초록의 향연이 시작되는 봄날, 눈 쌓인 겨울날에 이 수 공간 한 켠 테라스 테이블에서 커피를 즐기는 호사를 누릴 수 있다면 그것이 인생이 주는 선물일 것이다. 이곳에서 오늘의 여정을 마치

고 싶은 유혹이 강렬하다.

　이제 뮤지엄 내부에서 전시장을 살펴본다. 노출 콘크리트 마감의 공용 공간들에는 사선의 예각으로 꺾이는 날카로움, 건축물 중앙에 위치한 삼각의 내부 정원, 원통형 계단실 등에서 공간을 더욱 풍성하게 하는 안도의 건축 어휘들이 보인다. 삼각의 내부 정원은 제주의 〈본태박물관〉에서도 보았던 공간이다.

미술관 내부의 프로그램은 '페이퍼 갤러리'와 '청조 갤러리'로, 한솔 그룹의 종이박물관을 전신으로 한다. 이곳은 네 가지 '지'가 각 테마의 주제이다. 종이 紙, 가지다 持, 뜻 志, 이르다 至가 그것이다. 역사부터 참여를 유도한 인터렉티브 작품까지 페이퍼 갤러리가 박물관의 성격을 지니고 있다면 한솔 창업주 이인희 고문의 호에서 따온 청조 갤러리는 순수 미술관이다.

　페이퍼 갤러리를 나와 복도에서 만나는 외부의 수 공간에 때마침 소나기가 물보라를 그리며 쏟아져 내린다. 벽 하부에 외부로 난 넓고 큰 창을 향해 긴 콘크리트 벽에 벤치가 있다. 미스의 〈바르셀로나 파빌리온〉에 있는 외부로의 공간 확장을 위한 수 공간 옆 긴 벽 앞의 벤치가 연상된다. 천장이 높은 전이 공간 통로는 미술관에 한층 경이감을 갖게 한다.

이곳 긴 콘크리트 벽에 기대 앉아 휴식을 갖으며 자연과 인공이 만들어내는 자연현상을 감상하는 시간은 마침 내려준 비처럼 촉촉하게 마음을 적신다. 두 번째 휴식이다. 가부좌라도 하고 앉아 머리를 비우고 싶은 공간과 자연이다.

조용하고 편하게 앉아 자연을 감상하기에 좋은 장소를 만나기란 쉬운 일이 아니다. 결국 미술관은 사면이 거의 수 공간으로 둘러져 물 위에 부유하는 듯 배치되어 있다. 예각으로 꺾이는 사선의 날카로움을 보여주는 공간을 지나 미술관 본관을 나오면 뒤편에는 조지 시걸George Segal, 헨리무어Henry Moore의 작품과 신라 고분을 모티브로 한 스톤가든이 자리한다.

수 공간들에서 느껴지던 유연함 이후 다소 척박하고 건조한 스톤가든의 구불거리는 길을 지나 제임스 터렐관을 향한다. 터렐관은 지형의 특성으로 인해 스톤가든 쪽에서는 건물이 보이지 않는 지하로 내려가는 구도이다. 넓고 긴 스톤가든 끝 막다른 곳에서 좌측으로 돌아 짧은 경사로와 계단을 통해 진입하면 정면과 좌측 진입로 아래로 드넓은 산야가 펼쳐져 있다. 확 트인 대자연과 완벽에 가까운 기하학이 적용된 회색 건물의 대비는 서로를 더욱 강조하며 조응하고 있다.

좁은 진입로 끝에는 원형의 계단실이 지하로 연결된다. 어둡다. 핸드레일에 설치된 간접조명이 전부인 길고 어두운 원형 계단실을 돌아 두 개 층을 내려가면 또 막다른 곳에 밝은 빛과 함께 넓게 공간이 확장되며 홀이 나타난다.

터렐의 작품들은 넓은 공간에 빛의 투
영을 활용하는 방식의 작품으로, 작품을
느낄 수 있도록 수용인원을 제한하고 있
다. 도슨트의 안내에 따라 제한된 인원씩
입장한다. 스카이스페이스Skyspace, 호라
이즌Horizon, 겐지스필드Ganzfeld, 웨지워크
Wedgework 등 네 개 작품이 있다. 한 곳에서
네 개의 작품을 볼 수 있는 곳은 이곳이
처음이라고 한다.

첫 번째 작품은 자연의 빛과 경관을 조
망하는 어두운 통로 이후 대자연을 관망
할 수 있는 전망대 공간이다.

터렐관의 주제는 '진실의 순간'이다. 터렐의 '빛'은 실제와 허상을 넘나들며, 관람객들에게 우리가 눈으로 보는 것들이 과연 모두 진실일까라는 질문을 던진다. 자연의 빛을 외부로 나가 관찰한 다음 이제 실내에 설치된 빛을 이용한 작품들을 감상하는 시간이다.

스카이스페이스Skyspace는 타원형 실내 공간으로 스툴형 벤치가 벽을 따라 빙 둘러져 배치되어 있다. 관람객들은 앉거나 선 채로 터렐의 하늘을 감상하게 된다. 돔 형태의 천장에 5m × 4m 타원형 구멍이 뚫려 있는 곳은 빛으로 하늘의 진실에 의문을 제기하며 감춰진다. 구멍을 통해 들어오는 하늘의 빛깔

현재의 하늘을 관찰할 수 있도록 지붕에 설치된 개폐시스템

은 주변 벽에 스며드는 조명의 빛에 따라 파랗게, 또는 갑자기 보라 빛으로 물들기도 한다. 조명 빛에 따라 다양한 색으로 인지되는 하늘은 어느 것이 진짜 하늘인지 관람객의 눈으로는 알 수 없다. 조명 빛의 하늘과 타원형 돔 천장을 열어 현재의 하늘을 교차하며 볼 수도 있다. 특히 해가 완전히 질 때 하늘이 순간적으로 검게 물드는 모습은 기억에 남을 만한 장면이다. 필자가 방문한 날은 비가 내린 관계로 아쉽게 하늘을 클로즈업하는 기회는 갖지 못했다. 지붕에는 현재의 하늘을 관찰할 수 있도록 지붕에 기계적 시스템이 설치되어 있다.

작품들은 직접 방문하여 감상하기를 권한다.

호라이즌Horizon 공간은 하나의 작품을 감상하기 위해 들어선 공간으로 생각하기엔 지나치게 크게 느껴지는 육면체의 흰색 공간이다. 이곳에는 하늘과 연결되는 빛의 공간으로 가는 계단이 준비되어 있다. 신발을 벗고 그 계단을 올라 텅 빈 허공 정면을 바라보면 얼마나 멀리에 열려 있을지 알 수 없는 곳, 그곳에 황홀한 빛이 뻥 뚫린 채 놓여 있다. 마치 장애체험이라도 하는 듯 온통 하얀 공간 안으로 정해진 위치까지만 걸어 들어가야 한다는 안내를 들으며, 정면을 향해 조심스럽게, 깊이를 상상만으로 가늠하며, 눈을 뜨고 보임에도 불구하고 감을 잡아 걸어야 하는 감각에 대한 도전이다. 측면의 바닥과 벽, 벽과 천장의 모서리는 곡면이다. 옆으로 걸어가면 어느 순간 중심을 잃고 말 것 같은 공간이다. 빛이 주는 황홀하고 몽환적인 공간 체험이다.

스카이스페이스의 수평 버전이라 할 수 있는 호라이즌은 계단을 통해 바깥 하늘의 진짜 모습을 확인할 수 있다. 사각형의 구멍 크기는 터렐이 직접 정한 것일 뿐만 아니라 광학적 기술에 대한 지식을 바탕으로 한 작품이라는 점에서는 역사 이래 기술의 발달과 예술과의 밀접한 관계를 다시 한번 생각하게 한다. 터렐은 관람객들에게 딱 그만큼의 하늘만 보여주고 싶었다고 한다.

겐지스필드Ganzfeld는 좁고 칠흙 같이 어둡기만 한 복도의 벽을 더듬거리며 손의 촉각만으로 입장하게 된다. 돌아서는 순간 정면에 붉은 빛의 산란이 공간의 진실을 가린다. 두 개의 광원에서 투영된 빛의 퍼짐은 마치 안개 속을 헤매는 듯한 기분을 전달한다. 안개 속에서 공간의 깊이감에 대한 판단마저 흐려지게 되는 경험을 맛보게 된다.

웨지워크Wedgework는 이전의 암흑 같은 공간의 경험 이후 터렐관 입구에 들어와 스카이스페이스 반대쪽에 위치하여 겐지스필드의 어둡고 좁은 작품 이후 관람하게 된다. 계단이 배치되어 천창을 통해 미술관 주변의 하늘을 관람하는 것이다. 시각이 암흑을 거쳐 빛을 만났을 때 일어나는 극적인 환영을 선사한다. 입구에서부터 이어지는 칠흙 같은 어둠의 길을 조심스럽게 지나 눈 앞에 드러나는 빛의 공간은 마치 또 다른 차원의 세계인 양 현실임에도 이질적인 장면으로 느껴진다.

제임스 터렐관을 마지막으로 뮤지엄산이 마련한 프로그램은 마무리 된다. 하지만 관람객의 여정은 끝나지 않는다. 다시 돌아가는 길이 남아있기 때문이다. 안도 다다오의 건축, 100여 점의 한국현대미술, 해외 유명 작가들의 야외 조각, 그리고 제임스 터렐 등 뮤지엄산의 볼거리를 숨 가쁘게 둘러봤다면 가는 길에는 좀 더 자연의 바람을 느껴보는 것도 괜찮겠다. 시간만 맞는다면 뮤지엄의 멋진 야경도 선물로 안겨 받을 것이다.

돌아가는 길 스톤가든을 지나 미술관 외부로 난 반대편의 웅장한 높은 담벼락과 자연을 지나면 수 공간을 향한 브리지를 지나게 된다. 다시 현실인가? 지형의 레벨차를 이용한 천수답 형태의 수 공간을 아래쪽에서 관망하는 뷰는 강한 원근감과 함께 또 다른 시각과 청각의 힐링을 찾는 시간이 될 것이다. 커피와 자연과 인공이 만드는 향연을 즐긴 뒤 여정을 다시 되돌린다.

장욱진 미술관

양주에서 감상하는 자연과 건축과 예술의 만남

동심과 풍류, 자연과 예술이 공존하는 시간

| 최 - 페레이라Chae-Pereira Architects

2014년 탄생 100주년을 맞은 고독의 화가이자 자연과 가족을 주제로 작품을 그렸던 소년 같은 감성으로 살아간 화가 장욱진의 미술관을 다녀왔다. 나들이 하기에 좋은 계절이니 계곡의 정취를 느끼며 산바람과 함께 장욱진 화가의 소탈한 서정

공기놀이, 1937

을 즐기는 호사를 누려보자. 경기도 양주로 떠난다.

　화가 장욱진은 박수근, 이중섭, 김환기 등과 함께 한국 근현대미술을 대표하는 2세대 서양화가다. 1917년 말띠 해 겨울, 충남 연기에서 태어나 1990년 겨울, 용인 마북리에서 74세로 생을 마감한 자연 같은 화가다. 그는 유영국 등과 함께 '신사실파'를 결성하고 '사실을 새롭게 보자'라는 주제 의식을 가지고 사물에 내재되어 있는 근원적, 정신적 본질을 추구하여 단순하면서도 대담한 작품활동을 하였다. "나는 심플하다."라고 말한 것처럼 그는 평생 자연 속에서 심플한 삶을 살면서 그림을 통해 동화적이고 이상적인 내면을 표현하였다. 양정고등학교와 무사시노 미술대학 서양학과를 졸업한 후 국립박물관 학예과에 근무하고 서울대학교 미술대학에 재직한 뒤 사직 후 작품 활동에 전념하였다. 그의 작품 세계는 작업실이 있던 곳을 기준으로 초기와 덕소 시기, 명륜동 시기, 수안보 시기, 용인 시기로 나뉜다.

　장욱진은 4형제 중 차남으로 대지주의 손자로 충남 연기군에서 출생하여 6세 때 서울로 이사하였다. 중학교에서 미술부 활동을 시작하였지만, 고등학교 시절에는 일본인 역사 교사의 공정치 못한 처사에 항의하다 퇴학을 당하기도 하였다. 풍류가와 같은 면모는 이 시기, 즉 편입 전까지 학교의 틀에서 벗어나 생활한 때부터 시작된 것으로 보인다. 체육특기생으로 편입한 양정고 시절에는 전국학생미전에서 '공기놀이'로 최고상을 받았다. 이때 상금 100원을 받아 고모에게 비단 옷감을 선물해 이후로는 가족들이 그림 그리는 것을 반대하지 않았다고 한다.

'공기놀이'는 서울에서 함께 기거하던 화가 가족의 하인들을 그린 것이다. 화면을 가득 채우는 구성은 화가의 전형적인 특징 중 하나인 평면화하고 추상화하는 방법을 사용하였는데, 이후의 작품들에서도 이 구성 방법을 계속 사용하게 된다.

23세에 유학을 시작하여 이듬해 세 살 아래의 이순경 여사와 결혼하였다. 미대를 졸업하고 국립중앙박물관에 근무하면서 '신사실파'를 결성하였고, 1949년 33세 때 '신사실파 동인전'에 유화를 출품하며 작가로서 최초의 전시회를 갖고 본격적인 활동을 시작한다.

6.25 시기에는 부산 용두동으로 피난하여 비극의 상황을 술에 의지하며 폭주를 시작하였다. 이 시기 작품에는 '자화상'이 있다.

서울대학교 교수직 이후에는 '2.9 동인회'를 조직하여 동인전에 '야조도'와 '산수' 등을 출품 전시하였다.

63년 47세의 장욱진은 가족을 뒤로 하고 남양주시 삼폐동

에 슬라브 양옥을 짓고 혼자서 생활하기 시작했다. 이 시기를
덕소 시기라 하며, 이 시기 48세에 '장욱진 개인전'을 열었다.
54세 정초에 명륜동 집에 머물던 중 불공을 드리는 부인의 모
습에 감명받아 바로 덕소에 돌아가 일주일 간 식음을 전폐하
며 아내의 첫 번째 초상화를 그리게 되는데, 이 그림의 제목이
아내의 법명을 딴 '진진묘'다.

진진묘, 1970

진진묘는 불교를 소재로 한 최초의 작품이자 직접 제목을 붙인 몇 안 되는 작품 중 하나다. 이 작품에 몰두한 뒤 두세 달을 앓아 작가를 염려한 아내가 작품을 판매하자 자신의 대표작이라 생각해 아까워했다는 일화도 있다. 이 작품은 30여 년간 한 명의 소장가에 의해 소장되다가 2014년 6억 2,500만 원에 경매되었다.

부인이 주말에는 버스를 타고 작업실인 덕소를 자녀들과 함께 방문했는데, 화가는 안주도 없이 술을 마시기 시작하여 끝없이 마시는 폭주 습관을 갖고 있어 가족들이 힘들어 했다고 한다. 경운박물관 관장인 장녀 장경수는 그토록 술에 집착했던 것은 친구가 없고 제자 몇 명을 빼고는 가족뿐인 화가의 삶의 테두리가 지극히 좁았던 성품에서 온 것 같다고 했다. 폭주 후 화가의 뒷모습이 고독하고 슬퍼보였다는 이야기를 한다. 그러하니 술을 친구로 여겨 작품을 통해 근원적인 것을 찾으려 했을 것이다.

장녀와는 '서로 간이 잘 맞는다' 라고 하며 소통하며 아꼈고, 이러한 성품의 영향으로 작품 주제 또한 가족이나 집, 나무, 새 등으로 그림에서는 단순하면서도 따뜻함이 베어 나온다. 딸은 결국 예술에 매진하는 아버지에 대

한 존경과 사랑을 보답했다. 개발 바람으로 사라질 위기에 처한 용인 시기 집을 등록문화재로 지정받아서 보존하여 일반인에게 공개하고, 장욱진 재단과 미술관을 설립해 작가의 업적과 정신을 기리게 된 것이다.

용인 시기의 장욱진 고택, 조선시대

장욱진 미술관이 양주군에 위치하게 된 것도 덕소 시기 12년의 인연에서라 하겠다. 유족들이 양주시에 작품을 기증하고 〈양주시립 장욱진 미술관〉으로 자리하게 된 것이다.

59세되는 1975년, 덕소 생활을 청산하고 명륜동으로 옮겨와 양옥 옆에 한옥을 사서 화실을 꾸몄는데, 서양식 교육을 받았으나 향토색이 느껴지는 화풍에서 보이듯 집도 한옥과 양옥이 언제나 같이 있었다고 한다. 집 짓는 것을 좋아해 명륜동에도 양옥과 한옥이 있었고, 덕소에도 슬라브 건물 옆에 나중에 아내를 위해 한 칸짜리 한옥을 지었다. 명륜동 시기에는 기고하던 글들을 모아 산문집 '강가의 아틀리에'를 발간하기도 하였고, 1979년에는 '장욱진 화집 발간전'을 열었으며, 그 해 겨울 수안보 온천 동네 뒤 탑동 마을에 농가를 구입하였다.

1980년 64세 봄, 수안보 온천 농가를 화실로 리뉴얼하여 부인과 함께 생활하면서 수안보 시기를 시작한다. 이때 먹그림을 애칭판화로 옮긴 그림전과 판화전을 개인전으로 개최하였다.

1985년 여름, 다시 서울로 이주한 후 1986년 70세에 유화와 먹그림 개인전을 열었다. 그 해 봄, 자녀들이 가까이 있기를 희망하여 용인의 마북리에 낡은 한옥을 구입하여 리뉴얼하여 지내던 중 그 해 가을 중앙일보가 제정한 예술대상자로 선정되었다. 용인의 '장욱진 고택'은 조선 후기에 지어진 ㅁ자형 한옥과 정자, 그리고 나중에 장욱진이 설계해 지은 양옥 한 동으로 구성되어 있다. 1987년 개인전을 마친 후 1989년 73세에 마북리 한옥 옆에 양옥을 지어 입주하면서 용인 시기 거주가 시작되었고, 그 해 가을에는 뉴저지 주 '버겐 예술 과학박물관'이 개최한 한국유화전에 유화 8점을 출품한다. 이듬 해인 1990년

12월 27일 오후 4시, 향년 74세로 병원에서 생을 마감하였다.

작가의 생애를 살피다 보니 대한민국의 근대를 살아낸 느낌이다. 유학, 전쟁, 교수, 화가로서의 치열했을 1인 주거의 삶이 생생하다.

〈장욱진 미술관〉 건축에 대해 알아보자. 양주시 장흥면에 위치하고 지명설계공모를 통해 내노라하는 건축가들 사이에서 최-페레이라 건축사무소의 설계안이 당선되었다. 지하 1층, 지상 2층 규모의 건축물로, 중정과 각각의 방들로 구성된, 집이 확장된 듯한 아담해 보이는 백색의 미술관이다. 크고 작

은 각각의 방들로 계획된 점은 화가의 작품들이 비교적 작은 사이즈의 작품들이 주를 이루고 있는 점에 착안한 것이다. 그러나 미술관 전체 실제 면적은 그리 작지만은 않다. 대지 6,204제곱미터로 1,900평, 건축면적 671제곱미터, 연면적 1,852제곱미터 규모이다. 2014년 4월 개관하여 2015년 김수근 건축상을 수상한 건축물로, 4월이라는 개관 시기와 자연을 좋아했던 화가에 걸맞게 개관전에는 청보릿길이 전시관 내부에 길게 조성되어 있었다.

〈장욱진 미술관〉을 설계한 최-페레이라Chae-Pereira Architects
건축사무소는 건축가 최성희와 로랑 페레이라Raurent Pereira 두
사람의 이름을 딴 것이다. 2005년 노들섬 오페라하우스 계획
으로 알려졌던 서울공연예술센터를 위한 국제아이디어공모
전에서 최우수상을 수상하며 최-페레이라 건축사무소는 시
작되었다. 이후 다수의 건축상을 수상하며 주목받고 있는 건
축가들이다. 최성희는 서울에서 태어나 연세대 실내디자인과
와 파리 라빌레뜨 건축대학을 졸업한 프랑스 건축사이다. 로
랑 페레이라는 벨기에 브뤼셀 출생으로 생 뤽 건축대학을 졸
업하고 〈리움미술관〉을 공동설계했던 빛의 건축가로 알려진
세계적 건축가 장 누벨 사무소에서 실무를 하였다. 한양대, 숭
실대, 고려대 건축학과에서 교수로 재직한 바 있다.

가족도, 1972, 덕소 시기

　건물 외관의 첫인상은 장욱진 화가의 그림 안에서 포근하고 아늑하게 느껴지던 집이 현대화되어 나타난 듯하다. 현대적이고 세련된, 소박하고 친근한 느낌의 내외부는 모두 백색으로 마감되었다. 2층 높이 스케일과 비교했을 때 상대적으로 삼각지붕의 각도가 완만하고 낮기 때문에 친근감과 소박함으로 다가온다. 반면 내부 공간의 형태와 크기는 다양한 각도와

폭과 높이로 연결되는 구성으로, 각각 다른 크기로 설정된 방의 모서리에서 열림과 닫힘의 방법을 통해 내부 공간에서 보는 시각적 관통과 신비스러운 빛을 연출시켜 형태와 규모의 다양성을 느끼게 한다.

〈장욱진 미술관〉의 대지는 산과 강이 있는 위치에서 북측 능선 끝자락에 깊게 자리하여 남서측으로는 공릉천 계류가 합해져 흐르고, 그 천 남측에는 야외 조각공원이 위치하고 있다.

미술관 진입은 몇 가지 장치들로 드라마틱한 효과를 만들고 있는데, 경사지의 특성에서 온 주차장 경계를 이루는 노출 콘크리트 흙막이 벽과 넓게 비운 잔디정원, 그리고 직선으로 뻗은 길이 그것이다.

미술관이 부지 전체에서 안으로 깊게 자리하고 경사지 위에 있기 때문에 주차장 경계벽을 콘크리트 흙막이 벽으로 높게 세워서 단차를 두고 시선을 우선 한번 차단하는 형식을 취했다. 관람객은 낮은 곳에서부터 우측의 콘크리트 흙막이 벽을 끼고 돌아 완만한 경사로를 빠르게 걸어 직선로로 접어들

게 되는데, 건물은 넓게 비운 잔디정원 너머 멀리에 서 있는 상태로 나타난다.

직선으로 곧게 뻗은 보도 우측에 넓게 비워 둔 잔디정원은 허공에 서 있는 느낌을 갖게 한다. 직선으로 쭉 뻗은 채 살짝 우측으로 자리하고 서 있는 미술관을 향해 평평한 잔디정원을 가로지르는 직선의 진입로는 미술관에 대한 호기심과 기대로 연결되는 전이 공간이 된다. 진입로는 정면을 향하지만 시선은 잔디광장 너머 우측 미술관 쪽을 향하고 있다. 장욱진 미술관에는 전이 공간이 매표소 다음 또 한번 나타난다.

건물 진입은 평지에 난 긴 직선로를 걷다 보면 우측부터 건물 한 채가 마치 초가처럼 서 있고, 그 왼쪽에 실루엣으로 또 한 채가 보이는 형식으로 마치 화가의 삶에서 양옥과 한옥 거주가 공존했던 것처럼 살아온 다양한 거주를 은유하는 듯한 모습으로 나타난다. 마치 장욱진 그림에서 보이는 길을 걸어 가는 느낌이기도 한데, 비워진 평지에 조성된 잔디정원이 허공을 횡단하는 느낌을 주기 때문으로 보인다.

건물이 아담하게 느껴져 화가의 작업실에라도 방문하는 듯한 느낌이다. 일반적인 미술관에서 보여주는 무게감과 중압감으로 인한 접근의 부담감을 덜기 위해 건물은 밝고 경쾌한 이미지의 흰색 폴리카보네이트를 외장재로 사용하고 있다. 흰색의 현대화된 초가집처럼 보이는 미술관은 녹색의 신록과 조화로운 대조를 이룬다. 미술관을 흡족히 즐긴 뒤 걸어나오는 길에 뒤돌아 보면 장욱진의 그림이 바로 거기에 한 점 있는 듯하다.

미술관 전체는 두 줄기 공간이 다양한 각도와 폭과 높이로 겹치는 구성을 이루면서 마당과 중정을 형성하고, 방과 관람객의 움직임을 개념으로 각각 다른 크기로 설정된 방을 마주하는 방향을 달리해 배치하고, 이들을 이어주는 동선을 확장해 전시 공간을 형성했다. 자연을 향해 제각기 뻗어나간 동선의 끝을 창으로 처리해 풍경을 건물로 끌어들이고 있다. 각각의 모서리에서 열림과 닫힘의 방법을 통해 내부 공간에서 보는 시각적 관통과 신비스러운 빛을 연출시켜 형태와 규모의 다양성을 느끼게 한다.

주출입구는 진입로에서 보이던 건물로 진입하고, 들어가는 입구 맞은편에 넓은 벽창문이 있다. 창문 밖으로 마당이 배치되어 아담한 규모의 홀을 외부로 확장시키며 자연의 빛이 환하게 유입된다. 주출입구를 통해 실내로 들어서면 매표소와 카페, 숍이 있는 별개의 공간이 있다. 각기 다른 방을 연결하는 콘셉트의 건축물인 만큼 공간들은 출입문들을 통해 띠처럼 연결된다. 매표소 공간 또한 일반적인 미술관 규모에서 보이는 모뉴멘탈한 스케일의 공간과는 거리가 먼 아담한 부정

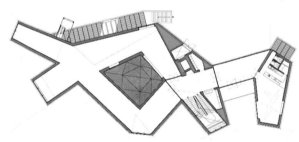

형의 다각형 공간이다. 작은 카페 같은 규모이지만 반투명 폴리카보네이트 패널의 은은한 수직패턴과 백색도장 공간에 목재가구로 이루어진 공간은 심플하고 다채롭다.

전시 공간으로의 여정은 매표소에서 폭이 좁아지는 방향에 난 문을 통과한 다음 나타나는 좌우가 벽창으로 된 통로와도 같은 전이 공간을 지나면서 이어진다. 이 통로 공간은 공간폭은 동일한 가운데 진입부 벽과 맞은편 벽 그리고 천장면이 이루는 각도가 독특하게 구성되어 있다.

통로 공간과도 같은 이 매개 공간은 매표소 쪽에서 문을 열고 들어서면 관람객을 중심으로 실제적으로 정면벽이 벽창으로 구성된 상태로 외부를 보여준다. 관람객을 기준으로 거의 평각에 가까운 좌우벽 그리고 정면의 개방된 유리벽과 맞닥뜨리게 된 가운데 전진을 위해 좌측으로 방향을 진행하면 막상 좌우가 전면창으로 된 벽이 되는 것이다. 뒤돌아보면 우측 모서리가 저 멀리 멀어져 있는 독특함을 보여주는 공간이다. 경사진 천장과 예각의 맞은편 투명한 창으로 된 벽 내부 공간은 좌측과 우측이 외부로 확장된다. 우측 유리벽 멀리 산까지 경치가 펼쳐지고, 좌측 벽면 또한 투명한 유리벽으로 개방되어 마당을 너머 낮아지는 자연경관이 저 멀리까지 드러난다. 내부와 외부의 경계가 사라지고 앞뜰과 뒷뜰이 한눈에 보이며 실내 공간은 외부로 확장되며 연결된다.

사다리꼴 평면 모서리에서 이 공간에 진입하면 사실상 정면에 해당되는 벽 전체가 개방된다. 직진 방향으로는 상대적으로 폭이 좁아져 깊은 공간감을 느낄 수 있고 뒤쪽으로도 사선으로 깊어지며 연장된다. 좌우를 넓게 외부로 확장시키고 전후방으로 좁고 긴 깊이감으로 방향의 대비가 있는 공간에 천장은 좌측으로 낮아지는 지형을 따라 낮아지는 경사를 이루고 있다.

양 벽의 개방감을 극대화시켜 산능선과 공릉천을 시각적으로 연계시키며 투명성과 깊이감을 보여주고 있다. 이 공간에 서면 우측 산과 좌측 마당을 지나 멀리 공릉천까지 공간이 연결되어, 외부와 외부 사이에 서 있는 듯하다. 지붕만 있는 공간에 서 있는 듯한 공간감이다. 인간은 경험의 반복으로부터 익숙해진다. 그 익숙한 것들과 다른 어떤 것에서 일상적인 것이 아닌 새로움을 느끼게 된다. 이 공간은 그 차이의 공간이다. 최-페레이라 팀은 전시실과 일상의 공간을 경계짓는 전이공간으로서의 역할 이상의 공간을 만들어냈다.

1층에 위치한 '전시실 1'은 안내데스크가 있는 계단실을 지나 진입하여 두 줄기 공간이 중정을 감싸는 위치에 있다. 그 내부는 다양한 규모와 형태의 공간들이 높이와 폭이 다른 구조를 따라 중정을 중심으로 회전한다. 계단실과 전시실을 포함한 모든 실내 공간은 백색도장으로 마감되어 형태만으로 공간의 다양성을 보여준다.

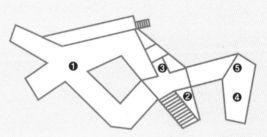

1층

① 전시실 1
Exhibit Hall

② 안내
Information

③ 물품보관함
Loker

④ 매표소, 카페 & 아트숍
Tickets Cafe & Art Shop

⑤ 화장실(M/W)
Toilet

소규모 작품을 고려하여 각기 다른 방을 연결하는 방식으로 계획된 전시 공간

계단실은 두 줄기가 교차하는 지점에서 시작되고, 뻗어나
간 막다른 동선 끝에는 창을 배치하여 풍경을 건물로 끌어들
인다. 계단실은 공간의 폭과 각도의 변화 그리고 삼각천장의
형태가 실내에 또 다른 집이 있는 형상을 보여준다.

계단실 사이 마당 한쪽 벽은 각도를 열어 안내데스크가 위
치하게 하였다.

1층 '전시실 1' 내부는 목재를 이용하여 주제를 구분하여 '사
람, 집, 나무, 하늘' 등의 테마로 공간을 나눠 전시가 진행된다.

장욱진 화가의 작품 속에는 하늘을 날아다니는 아이들, 둥
근 지붕 집, 처마를 높게 휜 지붕의 집, 둥글둥글한 나무들이
주제가 되어 모두 평면화되고 추상화된 화풍을 확인할 수 있

는데, 친근하고 편안한 느낌의 그림들이다. 1층 '전시실 1' 끝 자락 뻗어나간 막다른 곳에는 장욱진 화가의 그림을 연상시키는 청보릿길이 길게 조성되어 있다.

2층의 '전시장 2~5'는 여전히 백색 공간으로 1층 '전시장 1'의 소규모로 구획한 공간들과 다르게 넓은 전시홀로 계획되어 있다. 전시실은 어둡게 명암의 변화로 계획되었고 먹을 재료로 한 먹그림들과 말년 작들이 이어진다. 이 비교적 넓은 '전시장 2, 3'을 지나 순환 동선 중간 지점에는 1층까지 수직으로 개방된 공간이 위치한다. 수평으로 연결되던 전시 동선에 공간의 변화를 제공하여 관람객들은 천천히 다음 공간에 도달

말년의 작품들

까마귀가 날고 사람이 하늘로 날아가는 듯한 모습의 말년 작품에서는 자신의 임종을 예견하는 듯하다.

한다. 이 전이 공간 다음 뻗어나간 막다른 곳에 오디오룸이 집 속의 집처럼 위치하고 있다.

콤펙트한 오디오룸은 계단형 좌석의 경사가 급격한데 맨 위 계단석 천장의 높이는 사람의 키보다 낮다. 수평으로만 연결되는 콘셉트의 전시관을 거쳐온 관람객에게 수직적 공간 경험을 부여했다. 뿐만 아니라 공간볼륨의 대조를 느끼게 하는 밀도있는 공간이다. 삼각의 맞배천장은 집 안에 들어온 분위기를 만든다. 천장이 만나는 사이에 간접조명을 설치하여 지붕의 형태를 강조하고 공간의 폐쇄감을 상쇄시킨다. 이 오디오룸은 어둡고 넓은 2층 전시홀을 관람하는 동선 중간지점에 배치되어 비교적 작고 밝은 공간의 폐쇄성에서 또 다른 아늑함과 반전을 경험하게 한다.

이 오디오룸의 계단식 상승과 삼각의 맞배천장에 위치한 빛은 장욱진 화가의 연대별 작품 내용과 관계되는데, 1층에서부터 초기작을 시작으로 2층 전시관에는 화가가 세상을 뜨기 전 작품이 전시되어 있다. 다시 말하면, 이 오디오룸은 아마도 생을 마감하고 천상을 향해 가는 의미를 담고 있는 공간으로 해석된다. 그런 시각으로 다시 전시관 외부 계단의 형태를 되돌아보면 장욱진 화가의 다채로웠던 삶의 길을 다양한 은유로 스토리텔링한 공간인 듯 보인다. 백색은 동심 같았던 화가의 심성을, 삶에 대한 다양한 은유가 베어 있는 공간인 듯도 하다. 사랑받았던 딸이 아버지를 향한 존경심의 오마주로 보이는 부분이다.

전시장을 나서면 환하게 밝은 공용 공간에 아래층으로 연결되는 계단이 조형미를 보이며 나타난다. 유일하게 색채가 쓰인 화장실 공간도 연결된다.

부정형의 계단을 오르내리며 지각되는 넓이와 각도의 변화, 천장면의 뒤틀림, 빛의 교차, 그리고 창을 통한 외부 풍경

의 변화 등 다시각, 다시점의 4차원적 왜곡된 원근화법을 경험할 수 있는 공간이다.

공간의 프로그램들은 기획전과 상설전, 교육프로그램, 미술 창작스튜디오로 구성되었다. 신진 및 중견 작가의 창작활동을 지원하는 양주시립미술 창작스튜디오를 운영하고 회화, 사진, 복합매체 작가들을 위한 '777 레지던스'와 조각가들을 위한 '장흥조각 레지던스'를 운영하고 있다.

집의 형상을 닮은 단순하지만 힘이 있는 백색의 비정형 미술관은 장욱진의 호랑이 그림 '호작도'와 집의 개념을 모티브로 설계되었다. 주변 풍경을 충분히 끌어들인 공간이면서 넓이와 높이 그리고 형태에 있어서 다양한 공간으로 구성된 미술관에서 즐거운 문화적 호사를 누리는 탐색의 시간이었다. 한국의 전통성을 현대적으로 해석한 의미있고 아름다운 건축공간이다.

〈장욱진 미술관〉에서의 시간은 공간으로 인한 다양한 조형미와 작품에서 오는 온화함에 감사한 시간이었다.

안양파빌리온

끈임 없이 새롭게 체험되는 시적 공간

| 알바로 시자Alvaro Siza Vieira

안양예술공원 중심에 모더니즘 건축 거장의 비정형 미술관이 있다는 사실을 알고 있는가. 포르투칼 출신 건축가 알바로 시자 비에이라Alvaro Siza Vieira가 설계한 건축물이 그것이다. 건물은 온통 흰색으로 밝고 매끈한 정밀감으로, 오래되어 투박해진 주변과 대조를 이루며 등대처럼 많은 여행객과 건축 관련자들을 이곳으로 끌어들이고 있다.

이번 전시장 방문의 모토는 '둘이서 여유있게 자연에서 즐기기'였다. 연초록의 향연이 펼쳐지는 시기에 숲 속의 물소리, 새소리, 선선한 산바람을 느끼며, 환기되는 마음으로 자연을 만끽하며 건축가와 건축물 그리고 예술작품들을 만나는 의미있

는 시간이 될 것이다. 안양예술공원 초입에 있는 〈김중업 박물관〉은 덤으로 얻은 또 하나의 소득이었다.

안양예술공원은 1950년대부터 안양유원지로 알려져 지역의 관광객이 즐기는 안양의 명소였다. 한때 경기삼미 중 하나였던 포도밭이 즐비했었고, 1960년대 안양의 명물인 포도와 딸기를 맛볼 수 있는 유원지였으나 관광객 수가 많아지면서 자연환경의 훼손과 난립한 음식점 등의 문제로 1990년대부터 현저히 관광객들이 줄어들었다. 이로 인해 2005년 기반시설을 정비하면서 예술작품 90여 점과 함께 조성하여 안양예술공원으로 이름을 바꿔 새로운 문화공간으로 탈바꿈하였다.

전망대, MVRDV, 2006 안양시와 예술공원을 전망하거나 무대를 내려다 보며 공연을 감상할 수 있는 등고선을 따라 올라가는 전망대

2005년에 진행된 '제1회 안양공공예술프로젝트Anyang Public Art Project, APAP'는 도시 개발 속에서 잊혀져 가는 장소에 대한 기억을 되살리고 젊은 세대들에게 꿈과 자유로운 감각을 느낄 수 있는 문화 공간 조성을 목표로 하여 '역동적 균형'을 주제로 영구작품 52점이 설치되었다. 주요 설치작품은 알바로 시자의 〈안양파빌리온〉과 네델란드의 세계적 건축그룹 MVRDV의 〈전망대〉 등이 있다. APAP는 많이 알려지지 않았으나 국내에서는 유일한 국제 공공예술 행사로 3년마다 진행되어 2014년 제4회까지 진행되었고, 2016년 제5회가 열리면서 3년 주기의 트리엔날레에서 2년 주기 비엔날레 개최를 추진하고 있다. 이 프로젝트는 미술, 건축, 디자인 등 다양한 예술분야를 적용하여 지역 특성과 도시 환경에 활력을 불어넣는 것을 목표로 한다. 뉴욕건축가협회 주최 2011년 디자인 어워즈에서 건축부문 우수상을 수상하기도 하였다.

공공디자인 프로젝트들이 도시와 농촌을 막론하고 광범위하게 진행되고 있는 우리의 현재 모습을 기준으로 생각해 보면, 그 디테일한 성격에서는 차이가 있다하더라도 안양시가 발빠르게 선도한 점이 확인되는 지점이다.

〈안양파빌리온〉으로 명명된 알바로 시자 설계의 이 전시 공간은 이런 흐름 속에서 2005년 개관 당시 '알바로 시자홀'이라는 명칭에서 2014년 제4회 APAP 개막에 앞서 〈안양파빌리온〉으로 이름이 바뀌게 된다. 시민들과 공공예술에 대해 보다 적극적으로 소통하기 위한 것이라고는 하나 공간디자인 전공자로서 개인적으로 시자홀에 애착이 남는다. 하지만 일반 시민들의 이해를 위해서는 이것이 차선책이었을 것이라 여겨진다. 공원 내에는 국내외 예술가들의 조형작품이 공원의 요소

요소에 함께 전시되어 예술 숲을 이룬다. APAP 투어라는 명칭의 도슨트 프로그램도 진행하고 있다.

20세기 마지막 모더니즘 건축의 거장으로 꼽히는 알바로 시자 비에이라의 대표적 건축관은 자연과 조화를 이루는 건축이다. 〈안양파빌리온〉은 아시아에서는 최초로 디자인된 알바로 시자의 조형예술 건축물이다. 어느 각도에서도 같은 형태로 읽혀지지 않는 특유의 공간구조와 기하학적인 형태를 이루며 시적인 공간을 보여주고 있다. 현대사회가 요구하는 다양성에 대한 가치에 응답하려는 시도라고도 할 수 있다.

관악산과 안양예술공원에 어우러져 독특한 풍경을 만들어 내는 이 건축물은 안양예술공원의 예술작품들 중 중심이 된다. 이곳에서는 그동안 '체 게바라 전'을 비롯한 국내외 유명 작가 전시회, 작은 음악회 등이 진행되어 왔다. 현재는 시민들이 직접 참여하여 예술을 읽고, 쓰고, 말하는 등 다양한 방식으로 체험하는 장으로 변신하여 작가에게 예술을 배우고 자신의 언어로 해석해 보는 '공원도서관'과 과거 APAP 관련 자료가 정리된 '프로젝트 아카이브'가 운영되고 있다.

2005년에 기획된 안양시 주최 안양공공예술프로젝트APAP의 하나로 설계하고 건축한 조형예술작품인 〈안양파빌리온〉 또한 건축물 자체가 작품들에 포함되어 있다. 안양예술공원 내

예술 숲에 조성된 APAP 오브제 52점들은 90분 소요의 도슨트
투어로 설명과 함께 감상할 수 있는데, 이는 미술관의 실내에
서 운영되는 일반적 도슨트 프로그램과 차별화하여 숲 속과
하천 등 다양한 환경 구성 요소의 하나로써 예술작품을 미술,
건축, 지역의 역사와 같은 다양한 이야기와 함께 감상할 수 있
도록 하여 생동감 있는 진행으로 활성화하려는 것이다.

　〈안양파빌리온〉을 기점으로 공원 내 예술작품들을 알아본다.
먼저 라틴어를 어원으로 하는 파필리온papilion은 나비라는 뜻
으로 텐트를 의미한다. 건축 용어로는 '파빌리온 시스템分館式'
등으로 쓰이며, 대개 이동이 가능한 가설의 작은 건축을 가리

킨다. 〈안양파빌리온〉은 부지 면적 741.66제곱미터, 건축 연면적 781.45제곱미터 규모의 현대미술전시관으로 미술관 내부는 한 개의 넓은 홀을 이루며 방문 당시에는 제4회 안양공공예술프로젝트 결과물이 전시되고 있었다.

건축가는 1933년 포르투칼의 작은 마을 마토지뉴스에서 태어난 건축가 알바로 시자 비에이라다. 그는 그리기를 좋아해 화가나 조각가를 꿈꿨으나 부모님의 반대로 1949년부터 1955년까지 포르투칼대학교 미술대학에서 건축을 전공했다. 스위스 로잔폴리테크대학교, 미국 펜실베니아대학교와 하버드대학교에서 객원교수로 학생들을 가르쳤으며, 팬 하나로 선을 끊김없이 스케치하는 건축가로 익히 알려져 있다. 대표작으로는 〈세할베스 현대미술관〉, 〈알베이루대학교 도서관〉, 〈리스본 엑스포 파빌리온〉 등이 있고, 우리나라에는 연세대학교 경영대학 신축 건물 〈크리에이티브 파워하우스〉, 파주출판도시의 〈미뫼시스 아트 뮤지엄〉, 〈아모레퍼시픽 연구소〉 등이 있다. 1992년 건축 분야 노벨상으로 알려진 프리츠커상을 비롯하여 2002년과 2012년 두 번에 걸쳐 건축 비엔날레 황금사자상을 수상했다. 80세가 넘은 현재에도 왕성한 활동을 보이고 있는 건축가다.

알바로 시자는 자신의 시적인 모더니즘을 통해 보편적 상황의 공간을 만들어낸다. 건축 작업에서 그는 부지에 무엇이 부족한가에 중점을 두고 기존 자연과 대지를 포용하며 건물과 자연을 연결한다. 지역의 환경을 고려하지 않는 획일화된 모더니즘의 대안으로 장소나 대지의 고유한 기억과 흔적의 가치에 따라 건축을 유연하게 변형시키며 새것과 옛것을 연결하는 건축을 한다. 그리고 땅으로부터 스케치를 시작하여 땅이 가지고 있는 가능성과 기운을 탐구하여 그곳에 녹아있는 문화와 사회성을 파악하여 나뭇가지의 흔들림에서부터 바람, 소리. 햇살의 반짝거리는 느낌까지도 살려 감각적인 것과 이성적인 것들이 건축에서 언제나 연결되도록 하고 있다.

그의 건축 공간에서는 감각들이 되살아나 눈과 귀와 피부와 가슴으로 그리고 정신으로까지 퍼져나가는 울림들을 느낄 수 있는 시적 공간을 감응하게 한다. 이렇게 인간의 오감을 자극하고 정신을 고양시키고 터와 장소의 감각을 회복시키는 복합성으로 단순함을 이루어낸다. 큰 기교없이 그의 건축은 모든 것이 제자리를 찾고 나면 놀라운 변화가 일어난다.

　　시자는 건축이 철학이나 과학의 인용을 통한 접근과 이론적인 합리화 과정을 통해서도 가능하지만, 무엇보다 건축 자체의 언어가 건축을 걷고 살며 체험하는 인간의 지각을 건드려야 하는 것임을 상기시키는 건축가 중 한명으로, 그의 건축은 감각들이 눈을 뜨고 깨어나게 한다. 그의 건축 공간에서는 잃어버렸던 자연의 현상들이 공간과 장소와 환경을 느끼고 처음 만나는 것처럼 새롭게 조우하게 된다.

　　디자인을 기능과 합리성의 결과물로 보는 모더니즘적 사고와는 반대로 알바로 시자의 시적 모더니즘은 멕시코 건축가 루이스 바라간 같은 건축가들의 영향을 받아 모더니즘적 특징을 지니지만 맥락적인 시적 감각을 보인다. 모더니즘적이고 단순화한 형태와 평면은 대규모 전시 공간으로 기능을 하지만 내부를 구획하는 벽을 사용해 기능적인 공간들을 합리적으로 분할하고 있는 특징을 볼 수 있다.

〈안양파빌리온〉은 카를루스 카스타네이라와 한국 건축가 김준성과 함께 설계한 건축물로 예술공원로에 접한 긴 대지 위에 관악산을 배경으로 지상 7.3미터 규모로 나지막이 자리 잡고 있다. 회백색 노출 콘크리트를 건축마감으로 사용하여 단순하고 유연하게 뻗어나간 유선형의 형태를 하고 있다. 기둥이 없는 내부는 쉘구조가 다양한 곡면을 이루며 만들어낸 단일 공간으로 구성되었다.

쉘구조는 계란이나 조개껍질이 얇지만 단단하다는 데서 착안하여 고안된 콘크리트 구조다. 곡면판의 역학적 특질을 이용하여 건물의 하중을 지지할 수 있도록 만든 구조물로 기둥 없이 넓은 홀을 만들어낼 수 있는 특징을 가지는 건축구조공법 중 하나다. 시드니 오페라하우스 같은 건물을 떠올리면 될

것이다. 건축물 표피 뒤에서 구조가 그 역할을 하며 공간만을 느끼게 하는 알바로 시자의 시적 공간과, 구조를 솔직하게 드러내는 같은 나라 포르투칼 건축가 칼라트라바를 구조적으로 비교하기도 한다.

전시장은 도보로 진입할 경우 완만한 오르막 길을 따라 유원지를 향해 걷다보면 소공원을 지나 별도의 구분하는 장치가 없는 상태로 파빌리온 뒷모습과 먼저 만나게 된다. 파빌리

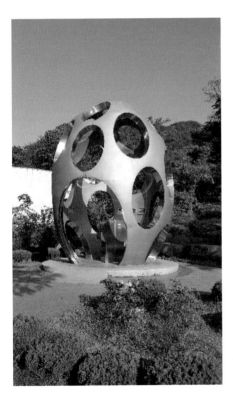

온 옆을 지나 미술관 앞 광장에서 되돌아서서, 넓은 전면유리 주출입구로 들어서게 되는 형식이다.

소공원에는 마치 안양유원지의 딸기와 포도밭의 옛 역사를 담고 있는 듯 타원형의 금속조형물이 서 있다. 길 건너에는 관악산에서부터 내려오는 천이 흐른다.

건축물 후면에서 진행방향에는 작품안내 표지가 세워져 있다. 공공예술프로젝트의 일환으로 건축물을 계획한 만큼 건축물을 감상하며 진입한다는 의도로 보인다.

　일견 단조로운 외형으로 읽힐 수 있는 심플한 모습이지만, 막상 그 디테일한 내용을 뜯어보면 그리 단순하지만은 않다. 물막이 기단 없이 땅 위에서 평면이 직접 솟아 있는 건축물은 처마 없이 일체형이다. 건물의 인상은 얕게 돌출된 ㄷ자형 게이트의 사각형 분할들과 유기적 형태의 곡선 창이 날개처럼 펼친 곡면 벽에 다양성을 부여하며 환영하는 인상을 하고 있다. 가로로 펼쳐진 곡면 벽 양쪽 끝자락은 여러 모양을 빼내어 더욱 역동적인 형태가 된다. 네 개의 개구부 사각형 분할은 수직축을 한번 흔들어 변화와 다양성을 확보했다.

　관람객을 맞이하는 실제적 파사드가 되는 파빌리온 뒷모습의 인상이 완성되는 것은 알바로 시자만의 건물의 형태생성

방식이 적용된 결과들이다.

1차적으로 시자의 설계방식 대로라면 파빌리온 맞은편 개울 모양을 반영한 구불거리는 스케치로부터 시작되어,

2차적으로 바닥을 완성하는 직선들로 곡선과 대비를 이루게 한 다음,

3단계는 바닥평면에 빼고 더하는 개념을 적용한다.

4단계는 기본적인 2차원 바닥 평면을 밀어올려 파빌리온의 기본형태를 만든다.

5단계는 단순하면서도 역동적인 형태에서 여러 모양을 빼내 더 역동적인 공간을 만든다.

결과적인 평면은 크고 작은 포도와 딸기모양을 반영한 네 개의 원들이 서로 교차한 형태에 직선이 대비를 이루며 완성된다. 직선 형태의 서비스 구역[중2층 사무실, 일체형 지붕을 공유하며 홀 외부로 구분된 화장실 등]과 제한된 이용 구역은 외곽에 있어 건물 중심부 홀에 가변성을 허용한다. 오목한 곡면부에는 안뜰 공간을 두어 내부와 외부에서 모두 지나면서 의외의 요소를 만들며 내부로 자연요소를 연결한다. 곡선요소들은 단순하고 직선요소들은 복잡한 상태로 서비스 기능 공간들로 채워진다.

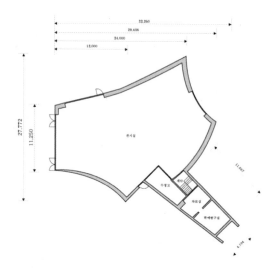

 그 결과들로 곡면 우측 끝 날개에서 매스를 빼내는 방식으로 비워진 부분은 처마가 있는 중정을 향해 열리게 된다. 단차를 보이며 역동성을 부가하는 좌측 날개형상이 만들어지는 곳에는 건물중심으로부터 지붕의 높이가 주출입구 쪽과 배면을 향해 낮아지고, 좌측 측면 벽을 건물 쪽으로 기울인 곡면을 적용하는 등의 절묘한 조합의 결과로 만들어진다. 전체 평면에서 직선 구역의 돌출부 벽에 난 유기적 형태의 창과 작은 원형창을 보면서 역시 포도알갱이와 딸기를 기억하게 한다.

 자연에 대한 응답으로 건물 배면의 기하학적 형태와 자연의 무형적 형태는 서로 강력한 대조를 이루며 서 있다. 온통 흰색인 건물은 초록의 주변 자연과 대비와 조화를 이루며 경사로 위에 위치해 있다. 네 개의 개구부들 사이 벽이 연상시키는 십자가 형태까지 더해져 겸허함을 만든다. 자연의 근경에서 느껴지는 울퉁불퉁한 질감과 건물 외피의 매끄러움, 자연의 무형적 형태와 건물의 단순한 기하학적 형태의 대조, 주변환경 원경에서 보이는 산의 능선이나 나뭇가지 등의 형태에서 유추한 곡선 벽과 창들 사이 벽 등으로 유추된 건물 형태의 조화, 자연의 빛을 받아 연회색의 콘크리트가 보여주는 흰색과 녹색의 강력한 색채대비 등. 전시관람을 준비시키는 전위 공간과도 같은 느낌이다. 오르막 지형을 적극적으로 읽어낸 형국이다. 건물을 올려다보는 위치에서 적용할 수 있는 다양한 효과를 노린 것이다. 경사진 대지형상자체가 전시를 위한 받침대가 된 것이다.

조경수들과 조응하는 오목한 곡면의 경사진 벽

오목하게 경사진 측면 벽은 디테일이 없는 단순성을 보여주며 가까이 조림된 조경수들과 조응한다. 콘크리트 줄눈만이 지붕높이의 변화를 알 수 있게 한다. 파사드는 건물 뒷면에서와 같은 ㄷ자형 게이트를 하고 있지만 하늘을 향해 좁아지며 곡면에 직선의 벽으로 나 있고 캐노피형으로 돌출된 경사지붕을 높은 쪽에서 바라보게 되는 지형의 특징으로 마치 갓을 씌운 듯한 형상으로 보인다. 외피와 내부를 통틀어 유일하게 디테일이 있다. 지붕 좌측에 난 삼각형으로 뚫린 곳은 전시홀과 좌측의 화장실과 사이 공간의 전이 공간에 자연광을 유입시킨다.

전시장 입구와 마주 보이는 반대편 창문이 바깥 열린 공간 중정의 풍경과 자연의 햇살을 함께 담아내며 시자 특유의 시적 공간을 연출한다.

매끄러운 백색 천장은 두 개 층 높이에 해당하는 7.4미터로 상당히 높지만 입구 쪽에서 진입하여 홀을 바라보면 중앙으로부터 아래를 향해 내려 간 곡면천장으로 인해 마치 휴먼 스케일에 맞도록 만들어진 아늑한 공간으로 들어가는 듯 착각을 일으킨다. 두 곳의 출입문 중에서 좌측 주출입문을 통해 내부로 들어서면 절묘하게 원형 벽을 양측 모두 둔각으로 처리하여 실제 홀의 크기보다 더욱 확장되어 넓은 홀로 느껴지는 장치가 감춰져 있다. 공간은 온통 흰색으로 자연광을 담아

내며 부드럽고 아늑하다. 주출입구 반대쪽 창쪽으로 진행하면 또 다시 오목한 원형 벽이 양쪽에서 공간을 감싸고 좌우의 깊이 변화로 다시 아늑한 공간이 된다. 그 밖에는 외부 중점이 자연으로 다가온다. 안양파빌리온 내부 공간에서는 한 개의 홀로 이루어졌음에도 불구하고 공간의 확장과 압축적인 밀도가 일렁인다. 인파가 모이는 소공연에도 적절한 넓은 홀이다.

넓은 전시관 내부는 볼록과 오목이 물결치는 형상으로 천장 쪽 전반에 있는 간접조명으로 벽과 분리되며, 넓고 큰 천장면이지만 공중에 떠 있는 느낌으로 가볍게 부유하는 느낌이다. 안쪽 우측에는 갈라진 벽으로부터 천장에 매달린 형상을 한 중2층 사무실 서비스 공간들을 공중에 띄워 배치했다. 중력에 저항하는, 중력으로부터 자유로움을 나타내며 서비스 공간과 서비스 받는 부분의 분리를 볼 수 있다. 중2층 계단실

에는 개구부가 있어 홀을 내려다 볼 수 있다.

유리벽 개구부들로 들어오는 자연광과 최소의 간접조명을 사용하여 대지가 가지고 있는 자연 그대로의 시시각각의 변화를 받아들여 그림자의 향연과 함께 봄에는 만발한 꽃들을, 여름에는 푸른 기운이, 가을에는 낙엽진 산을, 겨울에는 창 밖의 눈이 전시물들과 어우러져 본연의 자연과 연결된 공간에서 시자의 시적 건축으로 잃어버린 감성과 조우하게 될 것이다. 대형 창은 빛과 경관 같은 자연 요소를 적극적으로 내부로 연결하기 위해 볼록하게 들어온 벽에 위치해 있다. 외부로 출입은 막히지만 밝은 처마가 있는 중정이다. 미술관 주변 전체를 관람객들은 순환하게 된다. 상부의 간접조명의 형태가 팔벌려 환영하는 형상을 하고, 온통 흰색을 하고 있는 곡면 공간

의 형태를 강조하며 드러내고, 시선을 인도하며 넓은 천장을 벽과 분리하여 공중에 띄워두고 있다.

한 개의 판처럼 된 지붕의 완만한 기울기는 우천 시 비가 한 곳으로 모여 부지 주변의 환경을 반영하여 배수되도록 방향을 지정하고 있다. 하늘에서 내려와 땅으로 떨어지는 빗물이 계곡을 따라 흐르는 자연의 이치를 거스르지 않는 것이다. 이 대지는 안양유원지로 진입하는 방향이 오르막 경사지이다. 지붕은 파빌리온 주출입구 쪽과 반대방향으로 기울기를 갖는다.

배수관, 부지의 입지에 부합하는 배수

알바로 시자홀로 불리던 이 건축물은 2014년부터 〈안양파빌리온〉으로 명칭을 변경하고 그 내부 공간 또한 전체를 한 가지 테마의 전시 공간으로 사용하던 프로그램을 '공원도서관', '만들자연구실'을 연중 운영하는 APAP의 허브로 재기획하여 운영하고 있다. 파빌리온 내부 공간은 초청 공모전과 시민 투표를 통해 당선된 신혜원 건축가의 작품으로 운영하고 있는데, 1미리 두께의 골판지를 이용한 벤치기능 원형조형물이 공간의 중심에 배치되어 있다.

'안양공공예술프로젝트 APAP'는 도시에 대한 이해와 감각을 다시 상상하는 것을 제안하기 위한 공공예술 행사다. 제4회 '퍼블릭 스토리'는 '모두를 향한 지식', '각자를 위한 이야기',

'서로를 통한 듣기'라는 슬로건을 가지고, 지난 APAP를 되돌아보고 동시대를 살아가는 사람들의 마음과 생각을 무대로 삼아 현대미술과 공공의 관계를 다양한 이야기로 진행해 가고 있는 안양시 후원으로 안양문화예술재단이 주최가 된 행사다.

최근 들어 공공디자인과 관련하여 도시재생, 도시디자인, 뉴딜사업, 어촌뉴딜, 경관디자인, 지역개발 등과 같은 패러다임들로 정부와 지자체의 정책방향이 전환되고 있다. 산업화와 도시화의 급속한 진행으로 그 시대의 요구에 따라 물리적, 양적 팽창 위주의 결과를 야기했고 그 결과 신도심과 구도심 간의 불균형과 갈등 등의 사회문제가 야기되었다. 이는 소득 향상에 따른 쾌적한 삶의 질과 문화 활동 등의 요구와 문제해결을 위해 나타난 이 시대가 요구하는 패러다임이다.

2000년대 중반에는 '디자인서울'을 기점으로 디자인거리 조성이 주요 아이템이었으나 최근 들어서는 범죄예방환경디자인CPTED이나 유니버설디자인사업이 주를 이루며 정부와 지자체들 그리고 광역단체들에서는 그 도시만의 정체성을 반영한 차별화된 디자인 정책이나 사업을 절실하게 요구하고 있다. 이러한 시점에서 영국의 RDA나 스페인의 빌바오 Ria2000 같은 전문 발전기구가 세계적 프로젝트로 발전시켜 성공적인 결과를 만들어낸 것처럼 안양시의 APAP가 향후 지역문화와

연계된 해결방안을 제시해 주기를 기대해 본다.

세계적 건축가 알바로 시자 설계의 〈안양파빌리온〉이 건축가의 시적 공간이라는 설계 의도에 걸맞게 방문객들이 온전히 경험할 수 있도록, 정보전달 위주의 전시 공간들을 뛰어 넘어 일상에 지친 현대인들에게 감성으로 정신적 힐링의 문화를 제공하는 공간이 될 수 있기를 바라본다. 파빌리온 주변환경과 운영관리 등에서 내실있는 진행으로 방문객에게 삶의 질 향상의 역할을 하며 공공의 역할을 충실히 완수하여 지역의 바람직한 문화콘텐츠로 자리매김하기를 기원하는 마음이다.

공원 초입에 있는 〈김중업 박물관〉은 건축가 김수근과 함께 대한민국을 대표하는 건축가 김중업 설계의 우유 생산 공장[유유산업]을 2014년 3월 4개 동으로 증개축 후 복합문화공간으로 개관한 곳이다. 건축 관련 전시와 문화 행사들을 진행하고 있다. 근대의 산업적 역사를 배경으로 안양의 역사문화를 향수하고 경험할 수 있는 곳이다.

안양유원지 전반의 예술 숲에 뿌려진 폴리들처럼 자리하고 있는 공원 내의 작품 중 일부를 살펴 본다.

먼저 〈한평타워〉는 건축이 우리의 감각을 긴장하게 만들고 현실 인식을 날카롭게 하는 도구라고 정의하는 포르투칼 건축가 디디에르 피우자 파우스티노가 한국건축의 계량 단위로 오랫동안 사용했던 한 평[1.8m × 1.8m]에서 착안하여 타워를 설계한 것이다. 안양천 건너편 주차장 입구에 한 평이 갖는 가능성에 주목하여 최소한의 대지 위에 사용목적을 정하지 않은 한 평의 단위 공간을 엇갈리게 쌓아 올렸다. 이 작품에서는 관념적으로 알고 있는 한 평과 실제 한 평의 차이를 경험하며 높은 곳에서 주변 공원의 뷰를 관망할 수 있다.

한평타워, 디디에르 피우자 파우스티노, 2006

〈안양사원〉은 인도네시아 건축가 에코 프라워토의 작품으로 기존의 나무를 인도네시아 대나무로 둘러싼 돔 형태의 구조물이다. 자연과 인간을 보다 긴밀하게 연결시키기를 원하는 건축가는 지푸라기, 대나무, 코코넛나무 등으로 건축물을 만들어 대자연에서 인간은 단지 지나가는 존재일 뿐이라고 본다. 이 건축가에게 대나무는 일시성을 상징하는 재료로 봉긋하게 솟은 산의 형태를 취했는데, 이는 인도네시아 전통문화에서 산은 땅과 하늘을 연결하는 축을 의미하는 데서 나온 형태이다.

안양사원, 에코 프라워토, 2005

2006년 당시 건축계의 관심을 한 몸에 받고 있던 MVRDV 건축그룹은 추상적인 데이터를 구체적인 형태로 바꾸는 작업을 시도해온 네델란드 건축가 그룹이다. 그들이 제작한 〈전망대〉는 삼성산 등고선을 연장하여 산의 높이를 연장한 것으로 267피트로 전망대 내부의 빈 공간은 전시 및 공연 무대로 사용할 수 있게 설계되어 전망대에서 무대를 내려다보며 공연을 감상할 수 있게 하였다.

안양예술공원에는 공공예술프로젝트의 시작 단계에 주목받던 작가들의 작품들이 모여있어 이 작품들을 리뷰하면서 시간이 주는 변화를 실감할 수 있었다. 이번 전시장 나들이는 자연과 함께하는 공간과 작품들이 주제가 되었다. 주변 환경과의 조화를 주요 키워드로 한 작품들이 전시된 장소를 통해 자연과의 교감을 경험하는 시간이 되었다. 인간은 단지 지나가는 존재라는 에코 프라워토의 생각에 공감하며, 형태로 드러나야 하는 건축의 본질로 인해 환경과의 관계에서 윤리적인 것은 무엇인가에 관한 생각으로 이어지는 시간이었다. 시간의 소중함을 일깨우는 계기도 되었다. 이러한 경험을 통해 현대 예술이 추구하는 바처럼 우리 존재 하나하나가 끊임없이 새롭게 생성되는 체험이 함께 하기를 기대한다. 촉각으로, 후각으로, 청각으로, 그리고 시각과 함께 우리의 심장으로 대

변되는 그 무엇까지 예술가들의 예술혼과의 공감을 통해 새
롭게 역동적으로 살아나기를, 끊임없이 생성되는 경험이기를
기대해 본다.

다이아 유비쿼터스 학술관

도시와 건축을 연결하는 질감

계획된 약함으로 다가오는 건축 공간

| 쿠마 겐코Kengo Kuma

2014년 동경대학교에는 우주선처럼 생긴 건축물인 건축가 쿠마 겐코Kengo Kuma 설계의 〈다이와 유비쿼터스 학술관Daiwa Ubiquitous Computing Research Center〉이 지어졌다.

　〈다이와 유비쿼터스 학술관〉은 미술관 전용 공간은 아니지만 근래에 지어진 캠퍼스 내 건축물로 인지도 있는 건축가의 최근작이면서 갤러리 기능을 포함하고 있는 곳이다.

　동경대학교 후문 의학대학 인근에 위치한 이 시설은 지하 2층, 지상 3층의 2,700제곱미터 규모로 지어진 갤러리와 연구실, 휴게시설, 홀로 구성되어 있는 최신식 '지능형 빌딩'이다. 이 빌딩은 유비쿼터스 컴퓨팅 관련 새로운 분야 교육 및 연구를 위한 공간으로 2014년 5월 완공되었다.

　일본 최대 주택 건설사 다이와하우스공업이 기증하여 풍속, 방사선, 미립자 물질, 온도, 습도 등이 네트워크에 연결되

어 다양한 목적으로 사용될 수 있는 데이터를 기록하고 많은 여러 요인을 감시하는 센서가 대량으로 배열되어 있는 사물 인터넷 시설이 적용된 것이 특징이다.

다이와 유비쿼터스 학술관을 설계한 건축가 쿠마 겐코는 안도 다다오 이후 주목받고 있는 일본 건축가 중 한 명으로 '자연스러운 건축', '약한 건축', '연결하는 건축', '지는 건축' 등의 건축 개념으로 국제적 활동을 통해 인정받고 있는 건축가이다. 1954년 요코하마 생으로 1979년 동경대학교 건축학부의 석사 과정을 마치고, 1985년부터 1986년까지 콜럼비아대학에서 객원교수를 역임했으며, 1987년에는 공간 연구소를 설립하였고, 1990년에는 사무실을 개설하였다. 일본과 한국을 비롯해서 다양한 나라에서 활발히 활동하고 있다.

프로젝트 중 건축 개념을 가장 잘 표현한 작품으로는 1995년 〈워터 글라스〉가 있다. 이 작품으로 AIA에서 주는 가장 큰 영예인 'Benedictus Award' 상을 받았으며, 같은 해 일본건축가상을 수상하는 등 다수의 국제적인 상을 수상하기도 한다.

건축가이자 비평가로서 20세기 건축을 콘크리트의 시대로 정의하며 이를 권위주의적 강한 건축이라고 비판하는 그는 건축이 위치한 지역과 문화, 장소 등을 자신만의 관점으로 재해석하여 그것을 자연재료로 구현하기 위해 끊임없이 노력하고 있다. 또 콘크리트로 만들어진 자유로운 형태의 건축을 따르기보다 자연의 소재를 현대 건축에 어떻게 녹여낼까를 고민하며 대나무, 돌, 종이 등을 사용하여 자연과 하나되는 건축을 하려는 노력을 끊임없이 하고 있다.

2년 전 이맘 때의 기억은 벌써 오래전 인 듯하다. 석박사 과정 대학원 선후배들과 함께 이곳을 방문했었다. 그때는 지도교수님의 진두지휘 아래 하루에 20여 개의 프로젝트를 투어하며 38명이 우르르 몰려다니며 공간 스터디를 했었다. 회상하면 미소가 돈다. 담당하는 프로젝트를 과제하는 듯 조사하여 사전미팅에서 발표하고, 책자를 만들고, 답사지 현장에서 또 한 번 행인들의 통행을 피해가며 노변에 서서 발표하고, 쏟아져 들어가 카메라 셔터를 눌러댔다. 어쩌면 렌즈를 통해 공간들을 바라본 것 같은 느낌이 들 정도였다. 정해진 짧은 시간 동안 중요한 포인트를 놓치지 않으려고 뛰어다녀 발은 부르텄지만 즐겁기만 한 시간이었다. 존경하는 스승님과 함께 했기에 더욱 행복했던 기억이다. 그분은 공간디자인 학계의 큰 어른 김문덕 교수님이시다.

이 학술관은 방문했던 프로젝트 중 가장 인상 깊었던 프로젝트였다. 동경 건축 투어 당시 완공된 지 1년이 된 〈다이아 유비쿼터스 컴퓨팅 학술관〉은 동경대 캠퍼스 내의 기존 건축물들이 콘크리트나 금속, 돌과 같은 단단한 재료로 건축된 것과 비교해 기존의 이미지에서 벗어나기 위해 대지의 특성과 나무를 소재로 한 부드러운 건물을 목표로 설계되었다. 따라서 나무와 대지 같은 자연이 가지고 있는 재질의 스케일로 패널이 이루어지도록 하였다. 부드럽고 유기적인 파사드를 형성하기 위해 유연한 물결 모양으로 유리마감에 목재 판넬 입자를 적용한 이중외피의 건

축물이다. 후면 마감재의 금속구조 매시망의 처리는 붐칠재 마감으로 이루어졌는데 흡사 흙을 묽게 반죽하여 뿌려놓은 느낌이다.

　장방형 건물의 중앙 일부에는 과감하고 넓게 구멍처럼 비운 홀을 두었는데, 이곳이 건축물의 심장과 같은 역할을 하기를 원했다. 목재 패널 입자들이 만들어내는 부드러운 맴브레인으로 덮인 오르간 같은 중앙홀은 건물 전면부의 차도와 뒷면 대학총장의 게스트하우스 정원과 연결되며 개방된다. 이곳은 엄격한 그리드 배열에 의해 지배되는 캠퍼스에 빛과 바람

의 부드럽고 유기적인 흐름을 생성시킨다.

견고한 재료로부터 벗어나 가벼우면서 부드러운 건축물을 위해 쿠마의 대표적 건축 개념인 '입자의 건축'을 바탕으로 '목재 입자'를 사용하여 마감한 것이다. 쿠마는 '입자의 건축'과 관련하여 생태 심리학자 사사키 마사토와의 대화에서, 격자는 입자를 의식하는 데서부터 출발한 디자인이며 입자는 빛을 통해 전혀 다른 존재로 나타나는 것이라고 밝혔다. 또한 입자의 크기와 놓여있는 방향, 그리고 빛이 일체가 되는 것을 고려하여 어떤 빛의 상태가 필요하고 어떤 표면이 필요한지에 기점을 두고 전체적인 디자인을 시작한다고 밝히고 있다.

쿠마 겐코의 건축에서 중요한 가치로 작용하고 있는 '입자

의 건축' 개념이 정립되는 과정은 1990년대 후반으로 거슬러 올라간다. 히로시게 미술관 디자인에 착수할 즈음 제임스 깁슨의 어포던스 개념을 알게 되면서 '벽이나 바닥, 사람의 피부 등 인간을 둘러싼 모든 표면은 입자로 이루어져 있고 각각 '질감을 가지고 있다는 관점'을 건축 디자인의 한

축으로 삼게 된다.

집슨의 어포던스는 제공되는 환경이 사용자의 행동 패턴에 영향을 미치게 된다는 개념이다. 즉 가을 산행에서 곤충들이 천적으로부터 자신을 보호하기 위해 가을 나뭇잎이나 줄기의 색상으로 변색하고 비슷한 무늬와 색상 그리고 질감의 명암 느낌까지를 반영하여 생명을 지켜나가는 모습을 본적 있을 것이다. 이와 유사한 개념으로 건축 마감을 생각한 것이 쿠마의 생각인 것이다. 어포던스는 행위의 원인이라고 오해하기 쉽지만 오히려 행위의 '귀결'로 보겠다는 발상에서 시작된 것이다.

모더니즘 초기 단계에서는 디자인을 윤곽을 결정하는 것이라고 여겨 근대건축을 대표하는 르 꼬르뷔지에의 건축도 순수기하학을 기초로 삼은 이른바 윤곽주의에 근거를 두고 있었다. 그러나 도시 내부에서 건축의 윤곽은 일조권 등 대부분의 법률에 의해 결정되기 때문에 그 제한 안에서 경제적인 건물을 만들려면 건축물의 윤곽은 자동으로 결정되어 버릴 수 있고 윤곽을 결정하는 결정권은 미약해지며, 단지 건축은 그 윤곽 안에 창문을 만들거나 표면을 장식하는 것이 될 뿐이다. 격자는 입자를 의식하는 데서부터 만들어진 디자인이다.

일본 전통 건축물 형태의 동경대 정문을 지나 캠퍼스로 들어선다. 고즈넉하지만 주말임에도 기분 좋은 명석함과 정중한 낯빛의 학생들이 보인다.

정문 바로 옆에는 안도 다다오가 설계하여 2008년 완공한 〈후쿠다케홀 프로젝트〉가 있다. 학제 간 연구를 목적으로 하는 이 건물의 '생각의 벽'은 100미터 길이의 노출 콘크리트로 벽을 포함한 주변 공간은 수령이 100년이 된 30미터 높이의 울창한 녹나무 가로수가 둘러싸고 있다. 길이 100미터, 깊이 15미터의 좁고 긴 땅에 자리잡고 있는 형국으로 대학의 역사와 현대적 성취가 공존하는 의미있는 공간이다.

전형적인 근대건축물로 구성된 대학 시설 건축물들을 지나 찾아간 〈다이와 유비쿼터스 학술관〉은 정문 반대 방향 후문 쪽 마지막 건축물이다.

하드한 마감의 건축물들을 지나 나타난 이 건물은 겹겹이 층을 이루는 연속적이면서 파열적인 적층된 목재 패널 입자들이 연속된 줄무늬를 하고, 유기적이고 부드러운 빛과 바람의 흐름을 생성하는 물고기의 비늘을 닮은 디자인으로 삼나무 널빤지의 독특한 외관을 하고 나타난다.

자연 소재 삼나무의 비늘 모양 패널이 완만하게 팽창하면서 부드럽고 생물적인 외관을 구성한다. 또한 폭과 간격 그리고 높낮이를 다르게 배치한 목재 패널 입자 사이로 내부에 자연채광을 유입시키며 리듬감 있는 볼륨을 형성하여 빛과 바람의 부드러운 흐름을 생성한다. 흡사 수양버드나무 줄기들이 무성한 가지와 잎을 늘어트린 모습을 연상시키는 건물이다. 목재 패널 입자 외피들은 빛을 받아 명암을 이루며 레이어를 이루는 그림자와 함께 빛과 움직임에 응답하는 역동적 구성을 만들어낸다. 또한 삼나무 널빤지 사이로 보이는 유리창들은 구조 부재들의 반복을 강조하는 구획들로 시야를 틀지으며 내부를 조금씩 보여준다. 삼나무 널빤지의 수직 형태와 레이어를 이루는 겹친 틈들로 이루어진 부드럽고 입체감이 느껴지는 질감과 스케일이 기존의 도심 건물과 강한 대조를 이룬다.

　이 첨단 시설의 부지 정면은 좁은 도로를 경계로 건물 정면 바로 앞에 낮은 경계 벽이 있다. 담장 너머는 경찰청과 소방서가 있으며, 건물 후면은 대학총장의 게스트하우스의 일부인 히다 다케이야마 장인 슈헤이 하사도의 카이토쿠칸 가든이 위치하고 있다. 길고 좁은 땅에 자리잡은 장방형의 건물이다. 풍요로운 후면 녹지 공간의 분위기를 단절시키지 않고 연결하기 위해 긴 건물 중 후문 좌측 일부를 사각으로 비워내고, 기하학적인 큰 홀의 외부 공간을 배치하였다.

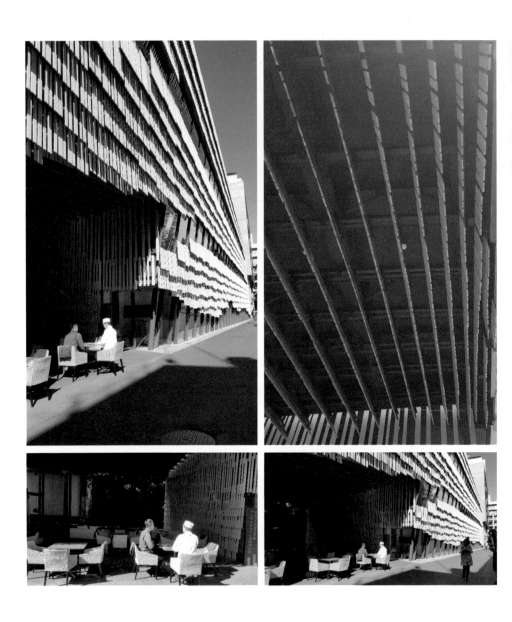

이 외부 홀은 후면 가든과 전면 차도를 연결하는 바람길 역할을 하면서 시각적 개방감을 확보한 쾌적한 그늘 공간을 제공한다. 또한 학술동 기능과 휴게 기능의 카페 공간을 연결하는 중의적 기능의 공간이 된다. 작은 구역에 공간이 매력적으로 혼합되어 있다. 넓게 개방된 외부 홀 천장의 경사는 카페 쪽으로 낮아지는 한편 도로 쪽으로 높아지는 경사를 이룬다. 공간 비례의 변화, 높이와 방향의 변화로 주변 환경에 적극적으로 대응하고 있다. 후면 정원 녹지 공간으로부터 오는 바람과 캠퍼스 쪽 수용인원에 대한 대응이 적극적으로 반영된 형상이다. 표면의 목재 입자는 빛과 그림자의 상호작용을 일으킨다. 그 뒤에 카이토쿠칸 정원의 수풀이 보인다. 카이토쿠칸 정원의 호수로부터 바람이 불어온다. 이 외부 홀은 정원의 수풀 벽과 목재 패널 입자벽, 이들이 가지는 입체적인 표면과 대조를 이루는 일본제과카페의 유리 벽과 기하학적 프레임의 개방된 벽으로 둘러싸여 있다. 천장은 목재 패널 입자들이 수직으로 줄을 서듯 늘어져 있다. 수직재들이 경사면을 이루는 입체적 구성을 통해 자연으로 구획되며 주변 공간으로 연결되는 공간이다.

좌측에는 셰프 준 쿠로키가 운영하는 일본식 제과카페가 유리벽을 통해 외부 홀과 정원으로 확장된 공간감을 이루면서 휴게시설을 제공하고 있다. 삼각형 구조를 한 기하학적인 오픈 키친에 있는 셰프의 표정에서 장인의 포스와 진지함이 읽힌다. 내부 마감 역시 건축물과 일체감을 가지는 목재 레이어들의 배열과 흰색의 도장으로 이루어졌다. 후면 카이토쿠칸 가든 쪽 벽은 전면 유리로 이루어져 흰색 천연소재의 수직블라인드를 통해 가변적으로 빛의 양과 전경을 조절하고 있다.

건축물 후면 카이토쿠간 정원에 면한 쪽 외벽은 진흙벽으로 마감하였는데, 이 마감재를 예고하는 듯 일본식 제과카페 후면 벽 일부에 진흙을 뿌린 듯한 질감의 매시망 한 줄기가 세워져 수직성을 보여준다.

외부 홀 우측에 위치한 학술동 주출입구는 개방된 홀 영역과 학교 후문 쪽을 향한 모서리에 조그마하게 위치하여 강한 명암과 함께 신비감과 호기심을 자극한다. 주출입구의 규모에는 최신식 지능형 연구실의 보안적 측면을 고려한 인상이다.

주출입구 자동문을 통해 연구동에 들어서면 내부 벽은 화이트에 가까운 밝은 컬러로 하부에서 비추는 빛에 반응하며, 외부쪽 회색 기둥과 강한 명암의 대비를 이룸과 동시에 면과 선의 강한 디자인적 대비를 이룬다.

천장과 자동문 구조의 노출은 금속과 목재, 유리의 정교한 디테일을 보여주며 첨단기술이 적용된 건축물임을 암시한다.

연구실 진입을 위해 길게 뻗은 복도에 면한 외부 쪽 벽체는 외부 마감재의 윤곽을 따라 층을 이루며 하부만을 유리로 개방하여 사적인 내부 복도를 향하는 외부 시선을 차단하고 어퍼라이트와 같은 채광으로 비현실적인 공간감을 나타낸다. 이중외피 목재 판넬 입자들의 윤곽이 지붕의 처마선처럼 실내에 빛과 그림자를 드리워 매끄러운 실내마감에 자연스러운 입체감을 만들고, 공간에 깊이감과 자연의 원시성마저 느끼게 한다.

연구실 내부와 지하층 갤러리는 방문 당시에 출입이 허용
되지 않았으나, 지인의 도움으로 이미지 자료를 구할 수 있
었다.

연구실과 강당 그리고 지하 두 개 층으로 이루어진 갤러리
는 사진전이 진행되고 있을 때의 이미지로 대신하겠다.

　　일본을 대표하는 건축가 안도 설계의 〈후쿠다케홀〉을 정
문에, 후문 쪽에는 쿠마 겐코 설계의 〈다이와 유비쿼터스 학
술관〉을 위치시키는 동경대의 건축에 대한 의식과 관점이 대
학과 더 나아가 국가의 건축문화 수준을 생각하게 한다.

재생의 시각으로 떠나는
미술관 건축 여행 _ 4곳

아라리오 뮤지엄

문화재가 된 근대건축에서 만난 자연, 건축, 예술

공간의 분절과 연속 공간 그리고 스킵플로어

| 김수근Kim Swoo Geun

종로구 창덕궁 옆에는 근대와 현대가 공존하는 모습의 〈아라
리오 뮤지엄〉이 자리하고 있다.

이곳은 1971년 6월에 착공되어 12월에 골조공사가 완성되

었고 1975년 5월에 신관 증축이 이루어져 1977년 4월에 완공된 건물로, 건축가 김수근이 이끄는 건축사사무소와 월간지 '공간'의 편집실로 사용되었던 공간이다. 1977년 증축으로 지하에 극장과 갤러리를 만들어 사용되다가 2014년 가을부터 〈아라리오 뮤지엄 인 스페이스〉라는 이름의 현대미술을 전시하는 뮤지엄이 되었다.

42년간 '공간 사옥'으로 일반인에게 더 익숙하게 알려진 이 건축물은 건축가 김수근이 설계하였다. 김수근은 김중업과 함께 한국을 대표하는 1세대 건축가이다. 공간 사옥은 현대건축의 대표작으로 매년 실시하는 최고의 건축물 1위로 꼽혔으며, 건축계와 문화인들 사이에서는 일종의 성소와도 같은 공간으로 회자되던 곳이다.

공간 사옥에 있던 커피숍은 화가 장욱진, 작곡가 강석희, 민속학자 심우성, 재즈 색소폰 연주자 강태환, 무용가 이애주, 마임이스트 유진규, 공연기획자 강준혁 등의 수많은 예술가들이 드나들며 진을 치던 곳이었다고 한다. 김수근의 부인 야지마 미치코와 창덕궁 낙선재에서 지내던 대한제국의 마지막 황태자 '이 은'의 비 이방자 여사가 만나던 곳도 주로 이곳이었다고 한다. 또한 건물 지하에 들어선 소극장 '공간사랑'은 70~80년대 문화운동을 이끌었던 김덕수 사물놀이와 공옥진의 병신춤이 탄생한 곳으로도 유명하다.

건축 잡지 '공간'의 산실이기도 하였던 이 건축물이 2013년 11월 공간 그룹의 부도로 공개 매각에 이르게 되자 미술품 수집가이자 사업가인 아라리오 그룹의 김창일 회장이 이 건물을 150억 원에 사들여 9개월간의 개조를 거쳐 미술관으로 개관하였다. 김창일 회장은 충남 버스터미널 사업을 시작으로 다양한 분야에서 사업가로 활동하며 현대미술작품을 35년간 수집해왔다.

건축가와 문화인들은 경매 위기에 처한 공간 사옥을 문화재로 등록하고 공공기관이 매입해 건축박물관으로 전환할 것을 정부에 요청하였으나 공간 건물을 지켜내기 위한 움직임은 2014년 2월 27일 「등록문화재 586호」로 지정되는 데 그쳤다. 등록문화재는 지어진 지 50년이 지난 건물을 대상으로 하지만 42년된 이 건물은 현대 건축적 외형에 한국전통건축요소를 접목하여 한국 현대건축사의 대표작으로 회자되기 때문에, 건축·문화적 가치가 인정되어 예외로 등록된 것이다.

건축가 김수근은 1931년 2월 20일 함경북도 청진에서 태어났다. 서울 북촌에서 경기공립중학교 2학년 때 건축을 전공한

미군에게서 영어를 배우며 건축가의 꿈을 키웠다. 1950년 서울대 건축공학과에 진학하여 당시 김중업 교수를 만나게 되었다. 이후 동경예술대 건축과에 진학하고 20세기 말 일본의 전위파 건축가 중 가장 유명한 인물 가운데 한 명인 건축가 이소자키 아라타와 친구가 되었다. 1959년 유학생 신분으로 박춘명, 강병기 등과 함께 남산에 건립 예정이던 국회의사당 현상설계공모에서 1등으로 당선되었지만 5.16 쿠데타로 백지화되었다. 일본인 아내 야지마 미치코와의 사이에 세 자녀를 두었다. 한국종합기술공사를 그만두고 1960년 건축연구소를 세우고 홍익대학교에서 강의를 시작하였다. 1966년 건축, 예술 종합지인 월간 '공간'을 발행하기 시작하였고, 한국종합기술공사와 합병하였다. 1971년 '공간 사옥'을 건립하고 1974년 국민대학교 교수로 초빙되어 건축, 의상, 장식미술, 생활미술 학과들을 통합하여 조형학부로 개편했으며, 1977년부터 사옥 증축 및 소극장인 '공간사랑'을 전위극, 무용, 전통, 연희 등 각종 문화 활동의 장소로 개방하였다. 그 해 타임지는 르네상스 시대의 예술 후원가인 로렌초 데 메디치에 김수근을 비유해 당대 문화예술을 중흥시킨 김수근의 업적에 주목하며 그를 '서울의 로렌초'로 소개하였다. 1979년에 조형대학 초대학장에 취임하였다. 1986년 서울대학교병원에서 간암으로 타계한다.

　김수근의 건축 성향은 세 단계로 나누어 볼 수 있다. 1960년대는 표현적이고 조형적인 건축 어휘를 구사하여 강한 이미지로 기념비적인 성격에 알맞은 노출 콘크리트를 주재료로 사용하였다. 대표작으로는 〈국회의사당〉과 왜색 시비 논쟁이 일었던 〈부여박물관〉이 있다. 전통건축의 구성 요소를 현대적으로 재해석하는 특징을 보이는 김수근의 초기작품 중 1967년 설계한 〈부여박물관〉은 일본 신사를 닮았다는 왜색 논란에 휘말렸다. 이는 전통과 문화적 정체성에 대한 사회적 논쟁을 불러일으켰고 그가 더욱 성숙한 건축가가 되는 계기가 되었다. 당시 국립박물관 최순우 관장과 함께 한 우리문화 답사는 전통문화와 그 안의 공간 개념에 대한 의식을 키우는 데 큰 도움이 되었다고 한다. 우리 고전과 일상 문화의 근본을 향한 재인식과 당대 여러 분야 명망가들과 지속적인 소통을 통해 그는 문화예술에 대한 자양분을 얻었다. 그가 주목한 것은 전통의 형식보다는 그 안에 담긴 정신문화와 공간 개념이었으며 인간의 가치에 주목하였다. 그의 작품은 '어머니의 자궁'과도 같은 원초적인 '궁극의 공간'을 만드는 일이 되었다. 또한 인간환경과 도시풍경을 건축 공간과 연결하여 공동체적 삶의 지혜를 담아내었다. 주변 도시의 질서와 가로의 풍경을 건축 공간 안에 적극적으로 수용하여 건축의 공동체성을 구현하였다. 즉 길과 사람, 건축과 주변 환경이 하나가 되는 궁극의 공간을 추구한 것이다.

1970년대는 김수근만의 작품세계를 열어간 시기이다. 이 시기에는 전통 건축이나 전통 문화를 소화하여 그가 가지고 있던 조형감각에 적절한 공간 크기와 인간적인 스케일이 적용된 수작들을 만들었다. 주로 벽돌을 섬세하고 세련되게 그리고 인간의 손 맛을 느끼게 사용하였다. 공간 사옥을 비롯하여 서울대 예술관, 덕성여대 약학관, 가정관, 경동교회, 불광동 성당 등이 그것이다. 외장재로 붉은 벽돌을 주로 사용하였지만 공간 사옥은 검은 벽돌을 사용하였다. 이 시기 김수근의 건축물은 벽돌 두 장 두께의 벽체를 벽면에서 돌출시켜 건축조형의 모티브로 사용하여 벽면을 분절시킴으로써 매스의 육중함 대신

풍부함을 갖게 만들고, 건축물에 정면성과 방향성을 부여해 주는 것이 특징이었다. 김수근은 사람들이 멀리서 건물의 출입구를 찾지 못하면 실패한 작품이라고 말했다 한다.

1980년대에는 대형 프로젝트들을 설계하게 된다. 그는 거대한 덩어리를 인간적인 스케일로 나누어 건축적 질을 지켜 나갔다. 라마다 르네상스 호텔, 벽산 빌딩, 서울지방법원 청사, 올림픽 주경기장, 체조경기장 등이 그것이다. 이 시기에는 알루미늄 패널 등 새로운 자재를 사용하여 새로운 기술적 시도를 하였다. 대형 프로젝트의 경우에도 공간구성 원리는 분절된 매스와 통합된 공간의 형성을 토대로 하여 여러 개의 분절된 매스가 중첩되도록 구성하였지만, 내부 공간은 비교적 트여있고 연결된 공간이 되도록 만들었다.

아담한 한옥을 끌어안은 구 공간 사옥이자 〈아라리오 뮤지엄〉은 건축가 김수근의 대표작이다. 1971년 신관과 1975년 구관을 덧대어 지은 검은 전벽돌 건축물이다.

완만한 경사지에 자리한 건물 외관은 심플한 좁고 긴 육면체 덩어리들의 조합으로 이루어져 있으며, 대로변을 향해 세로 에지가 돌출된 모습이다.

　343.3제곱미터 지상 5층, 지하 1층 규모의 건축물은 김수근 건축에서 '공생'의 건축관이 잘 드러난다. 70년대 당시 주변 한옥과 어울리도록 기왓장 느낌의 흑벽돌로 건물을 짓고, 건물 외벽을 담쟁이 넝쿨로 감싸게 만들었다. 인공적인 건축물과 자연과의 상생을 고려한 것이다. 이 건물의 진입은 두 방향

으로 나뉜다. 안국역 쪽에서의 진입과 창덕궁 방향에서의 진입인데, 안국역 방향 대로변에서 왼쪽으로 꺾어들면 완만한 경사지를 오르며 우측 신관을 지나 좌측 구관과의 사이에 위치한 몇 단의 계단을 내려가면 아담한 중정이 있다. 이곳에 매표소와 좌측 구관에 공간 사옥 당시 커피숍이 자리하던 곳에 '뮤지엄 숍'이 위치한다. 지나온 신관동 주출입구는 원형 아치 창과 돌출된 계단이 처마가 되는 형상이다. 여기 중정이 있는 사이 공간 진입부 외관은 벽돌이 점진적으로 안으로 들어가는 방식으로 ㄷ자형 게이트를 만들었고 게이트 상부에는 벽돌들을 돌출시켜 입체감을 더욱 강조하고 있다. 건물 내부층의 진입은 구관에 위치한 낮은 천장고의 뮤지엄 숍을 통해 진행된다.

뮤지엄 숍을 지나면 건축가 김수근의 공간 특성으로 회자되는 아담한 휴먼스케일의 계단실이 나타난다. 반 계단을 올라 첫 번째 방과 같은 전시실에는 주황색 아크릴 터치의 자동차 한 대가 공간을 꽉 채운 채 스포트라이트를 받고 있다. 브론즈로 람보르기니 차량 모형을 제작한 뒤 표면에 두껍게 아크릴 물감을 칠한 2톤 무게의 권오상 작가의 '더 스컬프쳐 II'다. 사진과 조각이라는 서로 다른 매체의 혼합을 시도해본 작가는 표면에 칠해진 아크릴 물감으로 실제 무게와 재질을 가늠하기 어렵게 만드는 방식으로 이미지와 현실에 관한 철학

적 의미를 담고 있다. 리얼리티에 대한 문제와 이미지의 재현
이라는 주제 그리고 기존의 조각작품에 대한 인식을 새롭게
하는 작품이다.

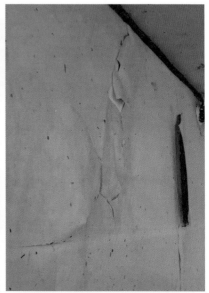

밀폐된 공간이 주는 무거움을 안고 좁은 계단을
돌면 2층 전시실이 나타난다.

낮은 천장고와 옛 마감을 유지한 벽돌과 벽지 그리고 사용하던 요철과 전선 등이 그대로 눈에 띤다. 일반적인 예술품 전시관과는 사뭇 다른, 사용하던 상태를 보존하여 주차장으로 쓰였던 공간의 의미를 살렸다고 한다. 중압감이 느껴지는 구성이다.

계단실을 돌아 화장실 공간의 전시물을 감상하고 다시 계단을 올라 2층으로 들어서면 신관과 구관 두 공간의 연결부

전면에 개방감이 극대화된 창이 있는 넓은 홀이 있다. 넓은 창을 통해 조금 전 지나온 마당과 외부로 보이는 지형의 레벨차, 그리고 둘러싸인 건물 프레임의 다채로움이 더해져 다양성과 함께 공간은 끝없이 외부로 확장된다. 둘러싸여 있으나 막히지 않은 연속된 공간이다.

공간 사옥의 또 하나의 건축 특성은 '반층 구조Skip floor'로, '층을 건너뛰다'라고 하는 건축 개념이다. 이 개념은 바닥을 반 층씩 어긋난 높이로 설계하여 층의 경계를 허물면서 문 대신 계단으로 공간과 공간 사이를 연결하는 방식이다. 이렇게 계단을 중심으로 공간은 구획되며 내부는 한옥의 열린 구조를 띠게 된다. 〈아라리움 뮤지엄〉은 연결된 공간들이 커졌다가 줄어들기도 하고 넓어지기도 하는 다양한 경험을 제공한다. 공간의 분절과 연속적인 공간의 이동, 이것은 '한국전통가옥'의 열린 구조를 차용한 것으로 그 특성을 치열하게 고민한 건축가의 흔적이자 업적이다.

분절된 매스와 통합된 공간, 즉 형태는 여러 개의 분절된

매스로 이루어지지만 내부 공간은 상대적으로 트여있고 연결되어 있다. 2층 전시실에는 백남준의 전자 매체를 도입한 비디오아트가 전시되어 있다. 2층 공간 중 신관 쪽은 다시 배면벽 전체에 창을 내 또 다른 마당에 있는 고려시대 석탑과 조선시대의 아담한 한옥 한 채를 드러낸다.

이곳 공간 사옥은 3대에 걸친 건축가들의 건축군이다. 건축가 김수

근의 담쟁이 건물인 벽돌 사옥[1971~1977], 2대 수장 건축가 장세양의 유리 사옥[1996~1997], 3대 수장 건축가 이상림의 조선시대 한옥[2002] 리모델링까지 구사옥과 유리 사옥 그리고 한옥에 이어 고려시대 석탑까지 각기 다른 시대에 지어진 건축물들의 군집이다. 이것이 이 공간을 더욱 매력적으로 느껴지게 하는 요소이기도 하다. 또한 2층 이곳에는 백남준 등의 작품이 전시되어 있다. 두 개의 마당 쪽 가로의 풍경을 건축 공간 안에 적극적으로 수용하여 건축의 공동체성을 구현하고 있다. 실내 공간 규모의 다양성과 외부로 확장되어 보이는 주변으로부터 오는 다양성, 그리고 이제는 전시물까지 모두를 동시에 감상하게 하는 현란한 경험을 제공하는 공간이다.

2층 내부 바닥의 한 단 낮춘 단차 부분 후면에 난 유리문은 90년대에 지어진 통유리 마감의 유리 사옥으로의 브리지로 연결된다. 2층 공간은 공간 사옥의 설계 의도가 집약되어 있는 공간이다. 지상 2층에서 4층에는 이동욱, 데미언 허스트, 바바라 크루거, 신디 셔먼 등의 작품이 전시되어 있다. 복도나 계단 벽면의 빈 곳에는 수납 공간이나 디스플레이 공간을 남겨 두어 공간을 폭 넓게 사용하던 흔적이 곳곳에 있다.

이동욱의 사람을 닮은 소형 나체인형들은 기묘한 긴장감을 유발시킨다.

기묘한 긴장감을 유발시키는 사람을 닮은 소형 나체 인형들, 세일러Sailor, 이동욱, 2004.

지상 3층은 중앙 상부 슬래브를 오픈하여 4층까지 두 개 층을 수직으로 개방하였다. 2층에서는 외부를 향한 수평방향의 확장을 하였다면 3층에서는 수직방향의 공간 확장감을 경험하게 한다. 이곳 메인 홀에 바바라 크루거의 '무제[끝없는 전쟁/당신은 영원히 살 것이야]'가 전시되어 있다. 인식의 순간을 창조하고 싶다는 작가는 잡지나 신문, 광고 같은 기존 이미지에 텍스트를 결합하여 미술 내외부의 주류 권력을 비판해온

작가이다. 문자의 내용이 곧 이미지로서 보이는 경험을 하게
된다.

벽돌 사옥 신관으로 동선을 연결하면 신관에는 한 사람이
다닐 수 있는 좁은 원통형 계단이 배치되어 새로운 경험을 제

공한다.

관람을 마치고 1층으로 돌아와 창덕궁 쪽 마당으로 나오면 조선시대 한옥에 커피숍이 휴식공간을 제공한다.

창덕궁 쪽 마당에서 벽돌 사옥 지하 소극장과 유리 사옥이
연결된다. 유리 사옥은 건축가 김수근의 뒤를 이어 공간의 2대
수장이 된 건축가 장세양이 20년만에 대지 안에 새로운 사옥을
준공한 것이다. 벽돌 사옥과 창덕궁 사이에 위치한 땅의 조건
에 가장 적합한 설계를 도출하고자 노력한 결과, 장방형의 유
리상자로 하이테크 이미지를 드러낼 수 있는 유리와 노출 콘

크리트를 적용하였다. 기존 건물에서 창덕궁이 보이던 풍경을
가리지 않기 위한 의도였다. 유리 커튼월 시공방법에서 기술
특허를 받은 건물이다. 이곳은 커피숍과 카페가 운영 중이다.

　공간 사옥을 보존하기 위해 재생의 관점에서 기존 건물의
상태를 최대한 보존하면서 뮤지엄이된 〈아라리오 뮤지엄〉이
었다. 향후 행보를 주목해 보자.

문화역서울 284

문화전시관으로 재탄생된 공간의 통합

펜던티브돔 홀을 중심으로

| 스카모토 야스시|Yasushi Tsukamoto

수도 서울의 관문 역할을 하던 서울역은 급격한 서울의 발전
으로 수송량이 증가하면서 이를 감당하기 위해 2004년에 새
로운 민자 역사가 신축되었다. 이로 인해 기존의 역사는 폐쇄
되었으나 2011년 8월 9일 원형 복원 공사를 거쳐 〈문화역서울

284〉라는 이름의 복합문화공간으로 개관되었다. 서울시 중구 통일로 1번지에 자리한 문화전시공간이 된 이곳의 이름 284는 사적번호에서 가져온 것이다. 〈문화역서울 284〉는 1900년대 초 건축된 건축물 중 양식상 가치가 있고 근대 건축사의 중요 자료로 인정되어 1981년 문화재명 '사적 제284호 구 서울역사'로 지정되었다. 이로써 역사상 중대한 사건과 시설이 사적으로 지정되어 문화재보호법에 의해 국가의 보호를 받게 된 것이다.

이곳에서는 개관 이래 다양한 전시와 공연이 진행되었는데, 그 중 2018 평창 동계올림픽 및 동계패럴림픽 개최와 30년 전 88 서울올림픽과 관련하여 올림픽이 우리 사회에 가져다

준 인간존엄에 대한 각성과 화합의 의미를 되새겨 보는 데 의미를 두는 '두 번의 올림픽, 두 개의 올림픽 전'이 문화체육관광부 주최로 진행되었다.

서울역[舊]은 대한제국시대인 1899년부터 경인선이 노량진까지 운행되기 시작하였고 1900년에 한강 철도가 놓이면서 경인선 철도가 완전히 개통되었다. 이때 규모는 10평 남짓의 목조건물이었다. 원래 위치는 염천교 근처의 서대문 정거장이었는데, 1910년 국권을 침탈한 일본이 1914년 경원선을 개통하면서 중국대륙 침략의 발판으로써 새로운 역사의 필요성을 느껴 현재의 '문화역서울 284'인 서울역사를 건립하였다.

따라서 이 역사는 만주철도주식회사가 건립 주최가 되어 건축가 스카모토 야스시塚本靖의 설계로 시미즈 건설에서 시공한 것으로, 1922년 6월 1일부터 공사를 시작하여 1925년 9월 30일에 완공하였다. 역사의 이름 또한 한일합병으로 수도 '한성'이 '경성부'로 바뀌면서 경기도 아래 놓였기에 경성역으로 신축되었으며, 당시 일본은 경성역을 시작으로 중국의 하얼빈을 거쳐 러시아의 시베리아, 모스크바, 그리고 독일의 베를린까지 연결할 계획을 갖고 있었기 때문에 역사의 규모 또한 최대한 과시적으로 지었다. 7만 여 평의 대지 위에 당시 서양에서 18세기 이래 유행한 절충주의 양식의 고풍스러운 붉은 벽돌을 이용하여 웅장한 느낌으로 지어져 조선총독부 건물[구 국립중앙박물관, 1995년 철거]과 함께 경성을 대표하는 건물이 되었다. 이후 1947년에 서울역으로 개칭되어 2004년까지 사용된 대한민국 근현대사를 고스란히 담고 있는 장소다. 동경대학 교수였던 건축가 스카모토 야스시는 조선호텔을 설계한 건축가로도 알려져 있다.

김소연의 '경성의 건축가들'에는 당시 건축계의 소회가 이렇게 담겨있다.

"… 그러나 그들이 겪은 삶의 뚜껑을 열고 좀더 들여다 보면 … 독립투사가 아닌 한, 투철한 신념이나 의식을 가지지 않는 한, 친일과 저항의 꼭짓점이 아닌 그 사이의 무수한 회색지대를 살았던 사람들처럼 그 시대의 건축가도 타협과 저항, 동경과 콤플렉스 사이에서 갈등하고 싸우고 변화하고 좌절했다. …"

당시 한국인 건축가로는 최초의 서구식 근대 건축 교육을 받았고 일제강점기에 최초로 건축사사무소를 개업한 건축가 박길룡[1898~1943]이 있다. 그의 대표작 중 초기작으로 거론되는 〈김용수 주택〉은 1929년에 지어졌고, 이후 1937년에 박길룡의 설계로 종로 사거리에 〈화신백화점〉이 들어섰다. 이 건물은 경성 인구의 80%가 구경했다는 이야기가 있다. 서울역[구]이 1922년에 준공되어 1925년에 완공되었으니 한 번쯤 그 시대의 건축가들을 되돌아보는 것도 의미가 있을 것이다.

이러한 역사적 배경이 있는 장소에서 인류역사상 가장 짧은 기간 동안 식민지와 전쟁의 역사를 딛고 세계 10위권으로 발전한 21세기 대한민국의 젊은이들이 세계로 확장되어 나아가기를 바라는 염원을 담아본다. 현재 이곳에서 진행 중인 '두 번의 올림픽, 두 개의 올림픽 전'이 그러한 다의적 의미로 해석되기를 기원해 본다. 매력적인 문화 이벤트로써의 흡입력이 부족한 아쉬움을 해소시킬 방안에 대한 것은 숙제로 남는다.

서울역[구]은 벽돌, 철근콘크리트 슬레이트를 이음재료로 사용한 규모 2,964제곱미터의 지하 1층, 지상 2층의 건축물이다. 르네상스와 비잔틴풍의 돔이 있는 절충식, 근대식 건물로, 초기 계획으로는 규모가 이보다 훨씬 컸으나 자금조달의 문제로 축소되었다고 한다.

근대사에서 기차나 사진 기술의 의미는 특별하다. 사진기의 등장으로 사진이 회화를 대체하게 되면서 화가들은 시대의 변화에 대응하여 추상예술로 혁신을 이루었다. 처음에는 사진을 예술로 인정하지 않았지만 라이프 지의 로버트 카파

Robert Capa가 찍은 피사체가 진실의 감동으로 사람들에게 다가가면서 사진은 예술로 발전하게 되었다. 이와 마찬가지로 기차의 등장 역시 마차나 도보로 이동하던 그 시대 사람들에게는 시간의 개념에 충격을 가져다 주었다. 경성역에서 제 시간에 맞춰 떠나고 도착하는 기차가 활발히 운행되면서 사람들은 차츰 시간에 맞춰 생활하기 시작했다. 이로써 서울역에 세워져 있던 시계탑이 상징하는 것처럼 반나절, 한나절로 나뉘던 시간의 개념은 분 단위로 바뀌게 되었다. 기술의 발전이 인간의 의식에 미친 영향은 역사와 함께 한다. 인공지능 스피커에게 버스 도착예정 시간을 묻고, 몇 정거장 전에 와 있는지를 확인하고, 엘리베이터로 달려가는 시대에 살고 있으니 다가올 근미래의 시간 개념은 지금과는 또 다른 모습일 것이다.

〈문화역서울 284〉는 현재 남아 있는 일제강점기 건축물 중 가장 뛰어난 외관을 가지고 있어 1981년 '사적 284호'로 지정되었다. 붉은색 타일 마감에 흰색 석재의 수평띠 선과 벽면 모서리에 귓돌을 설치하여 건축물에 변화를 이루는 수법이 적용되었다. 이는 당시 서양 고전 양식을 채택한 철도역사에서 볼 수 있는 일반적인 의장 형식이었다. 1914년에 지어진 도쿄역사의 4분의 1규모로 준공되었는데 준공과 동시에 협소함이 인식되어 증축에 대한 고려가 필요했다. 현재 동경역사가 재

생되어 호텔 등으로 쓰이고 있는 사례를 잠시 들여다 본다.

동경역[구]은 현재 역과 '도쿄스테이션 호텔'의 투숙객 이외에는 출입을 통제하는 수준의 관리를 통해 역사적 건축물로 활용되고 있다. 동경역은 JR 동일본 건축사의 긴꼬 타쯔노의 설계로 오픈하여 1951년 돔 양식을 보수하여 58개 객실의 호텔로 2006년까지 운영되다가 2006년부터 영국의 리치몬드 인터내셔널에서 6년간의 리뉴얼을 마치고 재개장하였다. 두 차례의 세계대전과 1923년 관동 대지진에도 살아남은 일본에서 보존된 가장 오래된 건축물 중 하나다. 앤 여왕 시대 스타일의 건축물과 어울리는 디자인을 목표로 영국업체를 선정하여 고증에 기반한 내부 디자인이 진행되어 리뉴얼되었다. 크림색 기조에 진한 색 목재를 적용한 마감으로 가구들은 모두 영국풍의 영국산 가구만을 사용하였다. 많은 사람들에게 감동을

1914년 지어져 1951년부터 '도쿄스테이션 호텔'로 쓰이고 있는 동경역사 외부

1914년 지어져 1951년부터 〈도쿄스테이션 호텔〉로 쓰이다 6년간의 리뉴얼을 통해 2012년 새 개장한 호텔의 내부 전경

주는 것이 예술작품이라고 한다면 도쿄스테이션 호텔은 인류
가 이루어낸 정신과 결과가 숭고해 보이는 예술작품이라고 말
할 수 있겠다.

서울역[구] 건축의 가장 큰 특징은 비잔틴 양식의 펜던티브
돔이라 할 수 있다. 펜던티브 돔은 정사각형의 평면 위에 원형

평면의 돔을 설치하는 비잔틴 양식의 독특한 기법이다.

　펜던티브는 우선 정사각형 평면 위의 외접하는 반구를 정사각형 사면에서 수직으로 절단한다. 〈문화역서울 284〉에서는 이 부분이 반원형 아치의 창이 된다. 반구는 사각형 네 점의 꼭짓점에 의해 지지된다. 다시 네 개의 반원형 아치의 위쪽 정점을 연결하는 위치를 수평으로 절단하고 나면 결국 수평면 상의 원과 수직면 상의 네 개의 아치에 의해 네 개의 삼각형 포물면이 형성되는데, 이 삼각형 포물면의 부재를 펜던티브라고 한다. 이러한 네 개의 펜던티브에 의해 지지되는 돔이 펜던티브 돔이다. 수평으로 절단한 위치 상부에 반구를 배치하여 완성된다. 시공 순서는 정방형 평면의 모서리에 네 개의 기둥을 세우고 기둥을 연결하는 네 개의 대형 아치를 구축하고 아치 위에 돔을 가설한 후 돔과 아치 사이의 삼각형 포물면을 채운다.

　이렇게 형성된 내부는 12개의 석재 기둥과 돔이 이루는 높고 웅장한 중앙 홀로 만들어진다. 펜던티브 돔 사면의 아치를 이루는 창은 채광을 통해 아름다움이 전해지고, 천장에는 스테인드글라스가 화려하게 자리하고 있다. 이 공간을 중심으로 주변 공간들이 상호유기적으로 통합된다.

　중앙 홀의 전시물은 두 올림픽 기간 중에 활동한 2만 7천 여 명의 볼런티어들의 인생 전개를 보여주는 장으로 평창의 산들

을 형상화한 구조물을 이용하여 인터뷰 영상들이 전시되어 있다. 평창동계올림픽 파크에서 한파도 따뜻하게 느껴지게 하던 자원봉사자의 열정 어린 역할에 한번 더 경의를 보낸다.

중앙홀 양측에는 매표소로 사용되던 출찰실이 있다. 현재는 입구 우측은 매표소 및 안내데스크로, 입구 좌측은 물품보관실로 이용되고 있다.

중앙홀 좌측은 1, 2등칸 대합실로 사용되던 공간으로 깔끔하게 복원되어 전시실로 사용되고 있다. 이 공간은 개관 당시 일본인들이 사용했던 곳이다. 이 공간의 후면은 당시 여성들을 위한 공간으로 부인 대기실이 있던 자리다. 그 옆쪽에 위치한 귀빈실은 이승만 대통령, 박정희 대통령 시절 지방 출장 시 이용했던 공간이 있었다고 한다. 현재는 일반에 개방되고 있지 않다. 중앙홀 우측 3층 대합실은 개관 당시 조선인들이 사용하며 일본인들과 따로 대합실을 사용하던 아픈 과거가 있는 곳이다.

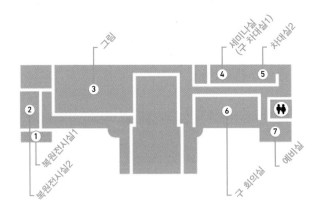

모서리와 핸드레일 그리고 조명기구까지 수준 있는 디자인의 계단실을 통해 연결되는 2층의 이발소로 사용되던 곳에는 구 서울역사를 원형 복원하면서 나온 부재들과 역사사료들을 전시한 복원전시실이 상설로 전시되고 있다.

2층 메인 홀은 대식당으로 사용되던 곳으로, 이 공간은 우리나라 최초의 양식당이던 '서울역 그릴'이 있던 공간이다. 당시 전시는 88 서울올림픽 당시의 디자인 현황을 알 수 있는 예술작품들이 전시되고 있었다.

2층 우측의 구 회의실에는 1988년 당시의 정치, 사회, 문화 등을 내용으로 구성하였는데, 1988년대를 연상할 수 있는 LP 턴테이블을 통해 '서울 서울 서울' 등을 들으며 당시 불렸던 노래와 읽었던 글과 책, 영상을 읽고 들을 수 있어 잠시 젊음의 한 때를 추억하게 될 것이다.

건물 좌우측에 있는 계단을 내려와 건물 1층 뒷편 외부에는 올림픽의 역사가 시대별 포스터로 전시되고 있다.

광장을 통해 외부로 나가면 공사가 완성된 '서울로 7017'이 연결된다. 이곳에 오르면 서울 시가지를 내려다 보며 다양한 볼거리와 먹을 거리들을 즐길 수 있다.

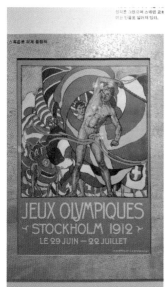

스톡홀름 세계 올림픽

윤동주 문학관

도시문제 해결의 장이 된 재생공간에서 만난 자연, 건축, 예술
흔적의 물성으로 정체성을 찾아가는 건축 공간

| 아뜰리에 리옹 서울 이소진Lee So Jin

인왕산 자락 청운동에 강직하게 재생되어 자리한 〈윤동주 문
학관〉을 찾아가 본다.

〈윤동주 문학관〉은 재생건축물로, 1974년부터 2008년까지
청운동 수도가압장과 물탱크로 사용되던 공간을 리뉴얼하여
문학관이 된 건축물이다. 고지대인 청운동에 원활하게 수돗
물을 공급하기 위한 역할을 하던 이 수도펌프장은 2005년에
폐기되었다. 그 후 이 시설이 〈윤동주 문학관〉으로 바뀌게 된
것은 시인의 하숙생 시절의 인연으로부터 시작된다.

윤동주 시인은 1917년 만주 북간도 명동촌에서 명동학교
교원인 부친 윤영석의 3남 1녀 중 장남으로 태어났다. 연세대
학교의 전신인 연희전문학교 문과를 졸업한 연고로 연세대학
교에도 윤동주 시인의 시비와 기념 공간이 있다. 연세대학교
핀슨홀에 마련된 기념 공간은 건립 당시 기숙사로 사용되었

　는데, 대학 시절 윤동주 시인은 이 기숙사에서 3년 동안 생활하며 사색하고 고뇌하며 시를 썼다. 18세부터 시를 쓰기 시작한 시인은 의과 진학을 원하던 아버지의 반대에도 불구하고 조부의 도움으로 문과에 입학을 한다. 후배인 정병욱과 기숙사 시기에 만나 이후 깊이 사귀게 되었다. 1941년 25세 때 정병욱과 함께 종로구 누상동 9번지에 있는 소설가 김송의 집에서 하숙생활을 하였는데 이 시기의 인연을 기려 종로구에 〈윤동주 문학관〉과 '시인의 언덕'이 조성되었다.

졸업기념으로 자선 시집 '하늘과 바람과 별과 시'를 77부 한 정판으로 출간하려 했으나 뜻을 이루지 못하고 3부를 작성하여 그 중 한 부를 정병욱에게 증정한 것이 현재의 유일한 원고가 되었다. 일제의 탄압으로 창씨를 해야 했던 시기에 나이와 경제사정 등으로 망설이던 일본유학을 가기 위해 연희전문에 창씨계를 제출하고 쓴 시 '참회록'은 고국에서 쓴 마지막 작품이 되었다. 일본으로 건너가 릿쿄대학 영문과에 입학하였다가 도시샤대학 영문과로 옮겨 학업하던 중 고향으로 돌아가려던 시기에 항일운동 혐의를 받고 일본 경찰에 체포되어 후쿠오카 형무소에 복역하였다. 그러던 중 건강이 악화되어 해방되기 6개월 전 1945년 2월 28세의 젊은 나이로 생을 마치고 만다. 유해는 그의 고향 용정에 묻혔는데 장례에서는 '우물 속의 자화상'과 '새로운 길'이 낭독되었다. 인생과 조국의 아픔에 고뇌하는 심오한 시인으로서의 그의 생을 담은 초간 시집은 종로구에서 하숙생으로 함께 지냈던 정병욱이 자필 본으로 보관하고 있던 것을 발간한 것이다. 종로구는 윤동주 시인이 종로구 누상동 하숙 시절 자주 산책하며 시상을 정리하던 인왕산 자락을 2009년 '시인의 언덕'으로 조성하고 시비를 세웠다.

언덕 아래에 위치해 있던 수도펌프실에서 2010년 〈윤동주 문학관〉의 현판식이 있었다. 현판식 당시 이곳 수도펌프실은 장판을 깔고 청소를 한 정도의 상태였지만 2012년 아틀리에 리옹 서울의 이소진 소장이 이곳의 설계를 맡아 리모델링하여 현재의 문학관을 완성시켰다. 2012년 7월 개관 이후 대한민국 공공건축 대상을 비롯하여 2014 서울시 건축상 대상을 받았고, 국가보훈처 현충 시설로 지정되었다.

도심에는 기술의 발달로 산업구조의 패러다임이 변하면서 사람들의 의식 변화와 도시의 빠른 변화 과정 속에서 이 수도 가압장처럼 기존의 기능을 다한 채 주변 지역의 이미지와 환경을 저해하여 버려지는 시설들이 자연스럽게 발생되었고, 이러한 유해시설들은 폐허로 도심에 남겨져 지역이나 도시 쇠퇴의 원인으로 지목되거나 정치적인 이유로 철거되어 왔다.

70년대 이후부터 해외에서는 이런 유휴시설의 사회, 문화, 정치적 가치를 인정하여 이러한 시설들을 도시문제 해결의 일환으로 받아들이며 재생의 대상으로 여겨오고 있다. 국내에서도 이런 시도들이 2008년 이후 중앙정부 및 지방자치단체에 파급되어 '지역 근대 유산 활용 문화예술 창작 벨트 조성 사업' 등을 통해 유휴시설을 전시 공간 및 문화 공간으로 개발하려는 다양한 시도가 진행되고 있다. 아직까지는 국민들의 수요를 위한 공급보다는 발전 그 자체를 위한 공급에 치중하는 개발이 주로 이뤄지고 있는 상황에서 재생되어 활용되고 있는 〈윤동주 문학관〉을 통해 국내의 유휴시설을 활용한 전시 공간이 지니는 공간적 가치와 맥락의 보존, 재생된 다양한 방법들에 초점을 두고 살펴보려 한다.

유휴시설이란 20세기 이후 쇠퇴한 산업이 발생하면서 기능을 상실하고 버려진 산업시설 공간을 말한다. 즉 유휴시설은 운행이나 기능을 쉬고 있거나 활용하지 않고 있어 멈춰있는 시설 공간들이다. 발전소를 비롯하여 공장이나 탄광 같은 시설들은 그 역할의 쇠퇴로 인해 기능을 잃고 형태로만 존재하면서 역사적, 상징적 의미를 가지는 공간이 되었다. 그 중에서 물리적, 비물리적 가치를 가지고 있으면서 지역 내의 주요 지점에 입지하여 인프라가 잘 갖춰지고 건축적으로도 활용가치가 남아있는 공간들을 활용함으로써 시대가 변하여도 그 가치를 인정하여 재생하고자 하는 요구가 일어났다. 재생 공간으로 탄생된 공간들은 기억의 저장창고로서 무엇보다 중요한 가치가 있다고 볼 수 있다. 앞서 살펴본 안양예술공원 입구에 위치한 우유산업 공장을 〈김중업 박물관〉으로 재생시킨 것도 한 예이다.

〈윤동주 문학관〉은 청와대 뒤편으로 청운동에서 부암동으로 넘어가는 창의문 못 미처 고갯길 왼편에 흰색의 아담한 형태로 자리하고 있다. 대로변에서 자칫 지나치기 쉬운 문학관

제2전시실 '열린 우물'

의 외관은 주변이 사방으로 경사진 자연이라는 특성과 대조를 이루면서 단순한 직선의 육면체 형태를 하고 있다. 한쪽을 열어 비대칭을 이루는 모던한 큐브의 열린부분에 난 창을 통해 서로 외부 맥락과의 반응적이고 역동적인 관계를 만들어낸다. 모노쿠쉬로 마감한 백색의 심플한 매스의 명암의 대비가 강력하다.

전시실은 세 개의 각기 다른 느낌의 큐브 공간으로 구성되어 있다. 외부 정면 파사드에서 보이는 우측 큰 큐브가 펌프실이었던 곳으로 제1전시실이 되었고, 좌측 작은 큐브는 부속 사무실 공간이다. 그 뒤로는 정면에서는 보이지 않는 제2전시실과 제3전시실이 연결되어 있는 구성이다. 제2, 3전시실은 물을 보관하던 물탱크 공간이었던 곳이다. 문학관 외부 좌측으로 난 거친 돌계단을 오르면 '윤동주 시인의 언덕'으로 연결된다.

2012년 리뉴얼하던 해 여름은 집중호우가 쏟아져 우면산이 무너져 내리고 비 피해가 전국적으로 극심했던 시기였다. 제1전시실이 된 가압장 뒤편에 있던 5미터 높이의 콘크리트 옹벽의 안전을 확인해야 했던 과정에서 뜻밖에 발견된 5미터 콘크리트 옹벽으로 된 두 개의 물탱크 공간은

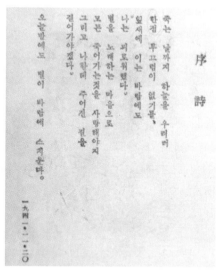

2012년 청운공원 입구에 〈윤동주 문학관〉의 문이 열렸다.

제2, 3전시실이 되었다. 이 두 개의 공간은 설계가 거의 끝나가던 시기에 발견된 것이라고 한다. 아틀리에 리옹 서울의 이소진 소장은 이 두 공간에 스토리텔링 기법을 적용하여 깜깜한 물탱크 공간 하나는 '열린 우물'을 콘셉트로 하여 자화상 속 우물로 연결했다. 그 뒤 또 하나의 우물은 '닫힌 우물'을 콘셉트로 하며 후쿠오카 형무소 개념으로 연결했다. 이 제2, 3전시실은 전시품을 채우기보다 방문객의 해석을 중시하여 물탱크의 모습을 최대한 보존하였다. 그 결과 지역을 활성화시키면서 주변환경과도 조화를 이뤄냈다.

고갯길에 팥배나무를 배경

으로 단아하게 자리한 〈윤동주 문학관〉의 진입은 대로변에서
이면도로 쪽에 위치한 주출입구로 진행된다. 경사지를 걸어 계
단을 통해 내부로 진입하면 안내데스크 공간이 있다. 계속하여
제1전시실로 진입하도록 공간은 연결되어 있다.

안내데스크가 있는 주출입구홀

제1전시실 입구의 시인의 고향에서 옮겨온 '우물'

　제1전시실은 가압장이었던 곳을 개관에 맞춰 전시실로 디
자인한 곳으로 어둡게 연출된 공간이다. 제1전시실에 진입하
면 안쪽 맞은편 벽에 유일하게 난 전면창을 통해 외부 자연이
관찰되고 대로변의 속도감 있는 도시맥락과 자연의 빛이 전
시실로 유입된다. 외부에서 본 외관의 모습에서 대로변 쪽 한
쪽을 열어 비대칭을 이루면서 심플한 매스에 난 창이 이곳이
다. 이곳 외부에는 데크 공간을 배치하여 내부 공간에서 외부
로의 확장을 극대화했다.

　윤동주 시인의 연대기와 유고집 그리고 직접 쓴 시 등이 전
시되어 있다. 제1전시실 초입에는 시인의 생가에 있던 우물을
옮겨와 시인의 시 '자화상'과 함께 전시되고 있다.

제2전시실 진입은 검은색 금속 프레임으로 시작된다. 짧지만 좁은 터널 같은 통로를 지나면 제2전시실이 나타난다. 잠시 멈춰서 머뭇거리게 하는 공간이다. 머물러 서서 공간을 바라본다. 전시물들이 좁은 공간을 채우고 있는 어두웠던 제1전시실을 거쳐온 다음 만나는 제2전시실은 텅 비어 있다. 하늘만이 열려있고 5미터 높이의 노출 콘크리트 벽면에 시간의 흔적만이 켜켜이 쌓여있다.

깜깜한 물탱크 박스였던 공간에 지붕을 모두 제거하고 뻥 뚫어 하늘을 열고, 바람과 별과 시가 있는 공간으로 재탄생시켰다. 자연의 빛으로 가득한 공간이다. 바닥에는 잔돌을 깔고 식물을 자라게 하여 빛과 맑은 공기로 공간을 가득 채웠다. 관람객은 텅 빈 일상적이지 않은 비례의 공간에서 심리적 충격으로 경외감을 느낀다. 마치 현대작가들의 설치미술 작품을 접할 때의 충격 같은 느낌이다. 근대산업사회가 만들어 놓은 설치미술 작품이라 해야 할 것이다. 설치미술이 공간과의 관계에서 해석되듯이 건축가가 이 공간을 비우면서 만들어놓은

설치예술 작품이라 해도 좋을 곳이다.

제2전시실 초입에서부터 5미터 높이 벽을 따라 ㄱ자로 연결되는 좁은 경사로가 걷기를 강요하는 듯하다. 경사로를 따라 비워진 공간을 지나 진행하다 보면 제3전시실의 무거운 철문을 마주하게 된다. 잠시 위를 올려다 보면 하늘과 물탱크의 심플한 구조체가 하나의 예술작품이 되어 경외감을 일으킨다. 경사로를 따라 벽면에 남아있는 수면의 레벨이 만들어놓은 켜켜이 남은 세월의 흔적, 물탱크로 사용될 당시 점검을 위해 만들었던 틈과 사다리를 제거한 흔적이 남긴 시간과 사용에 대한 흔적이 켜를 이루고 있다.

경사로는 낮은 경계를 최소화한다. 우측의 잔돌들 사이에 자연스럽게 자라 있는 식물의 모습은 인공의 물탱크와 자연이 대조를 이루며 황량함을 더 강하게 드러나는 공간으로 만든다.

제2전시실에는 윤동주 시인의 그 무엇도 전시되어 있지 않으나 그의 삶을 생각하게 하는 공간이다. 시인의 일대기를 둘러보고 지나는 과정에 있는 전시실이기에 윤동주 시인이 영감을 받고 조용히 시상을 떠올리던 감성이 이런 공간의 느낌이 아닐까 하는 생각으로 이어지는 공간이다. '하늘과 바람과 별과 시'가 있는 공간이 제2전시실이라는 생각이다. 사각의 수직성이 강한 아트리움 같은 이 비어 있는 공간은 제1전시실과 제3전시실에서 언제든 공유된 공공 영역으로 바로 돌아갈 수 있다.

경사로를 따라 이어 나타나는 철문을 열면 두 번째 물탱크였던 어두운 제3전시실이다. 후쿠오카 형무소 시기의 고통스러움을 '닫힌 우물'로 스토리텔링한 공간이다. 어둡게 계획되어 암울함이 감도는 공간에는 영상을 통해 윤동주 시인의 삶을 담은 화면이 정면 벽에 상영된다. 영상이 끝나고 나면 물탱크 점검을 위해 열려 있던 좁은 틈으로 한줄기 빛이 비춘다. 이 빛은 조국 해방을 꿈꾸던 희망의 빛을 연상시킨다. 무거운 철문을 뒤로 하고 제2전시실에 서서 올려다 보는 하늘이 아름답다.

크지 않은 규모의 문학관은 아주 짧은 시간 동안 너무나 많은 것을 보고 느끼게 하는 구성이다. 조국광복을 몇 개월 앞에 두고 고통스러운 삶을 마감한 시인의 인생을 되뇌이며 조국광복을 고민하던 시인과 아름다운 서정시를 표현했던 시인의 모습이 돌아서 나오는 길에 함께 오버랩된다.

외부로 나와 문학관 좌측에 난 거친 돌계단을 오르면 자연 안에서 차를 마실 수 있는 커피숍이 있다.

통의동 보안여관

장소의 기억을 보존한 곳

복합문화예술 공간으로 재생된 문인들의 예술혼

| 건축가 미상, 민현식Min Hyun Sik

세상에 없던 새로운 건축물을 짓는 것이 많은 건축가들의 꿈일 수 있겠지만, 이미 존재하지만 의미없어진 공간에 새생명을 불어넣는 것 또한 공간 디자이너로서 독보적인 존재감을 드러낼 수 있는 방법일 것이다. 경복궁 옆 서촌에는 갤러리이자 복합문화공간인 〈통의동 보안여관〉이 있다.

현 현대미술 갤러리 〈통의동 보안여관[우]〉과 브리지로 연결되어 신축된 4층 건물 '보안 1942'와 '서점' [좌]

갤러리 〈통의동 보안여관〉 2층 객실이었던 창에서 보이는 경복궁 영추문

　시대의 변화 속에 본래의 기능을 상실한 유휴시설에 생명을 불어넣어 복합문화예술 공간으로 재생시킨 프로젝트인 〈통의동 보안여관〉이 청와대 가는 길 경복궁 서편 영추문 맞은편에 현대미술 갤러리가 되어 구식의 붉은 벽돌 건물과 그 옆 반듯한 모습의 건물 한 동으로 나란히 서 있다.

　1936년 시인 서정주와 한 방에 기거하던 함형수를 비롯한 12명의 동인은 각자 10원씩을 내어 순수 서정성을 바탕으로 모더니즘을 비판하던 문예동인지인 '시인부락' 제1집 200부를 발행하였다. 이 시인부락의 기획과 편집을 맡았던 서정주 시인이 묵고 있던 곳이 바로 '통의동 3번지 보안保安 여관'이었다. 이상, 이중섭, 구본웅 등의 문인과 화가들이 모여 일탈과 예술

화가 이중섭 그림의 '시인부락'[1936. 창간] 사진. 한국잡지백년

혼을 키웠던 장소이자, 인근 청와대와 옛 공보처 공무원들뿐만 아니라 철거된 경복궁 안 조선총독부와 또 그 총독부가 국립중앙박물관으로 사용되던 시기 학예사들이 숙박계를 남긴 곳이 바로 이곳이었다. 인근에 숙박시설은 이곳이 유일했으니 청와대 경비병들의 면회 가족이나 연인들의 기억 또한 이곳에 함께 쌓여있을 것이다.

2004년 폐업한 보안여관을 주변 주택 두 채와 함께 부산을 근거지로 한 일맥문화재단의 최성우 대표가 2007년에 매입하고 신축을 계획한다. 보안여관 천장을 수리하던 중 2층 천장에서 '상량식 소화 17년[1942년]'이란 목판을 발견한다. 이 목판

의 발견으로 70년이 넘는 건물의 역사에 주목하게 되었다. 이
에 근대 생활사를 보여주는 이 건물의 가치를 살리기 위해 신
축이나 보수로 원형을 훼손하기보다 본래의 모습을 최대한
있던 그대로 사용하기로 결정하였다. 그 옆 부지에는 민현식
건축가의 설계로 4층 건물을 신축하고 〈보안 1942〉로 명명하
여 보안여관 현대버전으로 자리하게 되었다.

　1936년 이전 일본인이 문을 열었고 2004년 폐업한 보안여
관은, 2010년 원형을 보존한 상태의 갤러리로 재생되어 현대
예술작가들의 작품전과 예술 관련 행사들이 진행되고 있다.
필자가 취재차 방문했을 때는 김정헌, 주재환의 민중미술 '유
쾌한 뭉툭 전'의 전시 흔적이 남아 있는 상태에서 다음 전시의

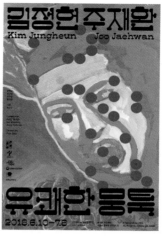

당시 생활상을 보여주는 〈보안여관〉의 내부

주재환의 '절규'　　　　　　　　김정헌의 '농부'

준비작업이 한창이었다. 통의동 보안여관의 장소가 갖는 특수성으로 인해 작가의 특성과 맞는 작품들이 전시되고 있다. 이전 전시 '유쾌한 뭉툭'의 주재환은 안내서에서 "세계는 과거와 마찬가지로 한 줌의 소수에게는 진보로, 압도적인 다수에게는 야만으로 다가올 공산이 크다."라는 영국의 고고학자 클라이브 폰팅의 저서 '진보와 야만'을 인용하고 있었다.

갤러리 〈보안여관〉으로의 탄생에는 지난한 과정이 있었다고 한다. 숙박시설이었던 〈보안여관〉이 박제화된 유물로 남지 않고 살아있는 문화의 일부로 활용되기 위한 노력은 적산

〈보안여관〉과 〈보안 1942〉를 연결하는 브리지 공간

가옥이라는 보안여관의 현실이 일재 잔재라는 인식과 문화재로서의 보존에 대한 이해의 차이로 수많은 설계 변경과 건축허가를 두고 실랑이가 있었다고 한다. 갤러리가 된 〈보안여관〉의 보존과 활용을 위한 〈보안 1942〉의 역할을 기대해 본다.

2층 규모의 갤러리 〈보안여관〉의 진입은 경복궁 옆 영추문 맞은편 대로변에서 바로 이루어진다. 입구에 들어서면 숙박등록을 했을 작은 창문과 바로 옆 거울이 붙어 있고 안쪽 직선으로 길게 난 복도를 사이에 두고 작은 방들이 좌우에 배치되어 있다. 두 사람이 눕기에도 비좁아 보이는 고만고만한 크기의 방문에는 1, 2, 3 … 번호만 붙어있고 작은 불투명 유리창으로 빛이 들어온다. 나무 골조가 띠를 이루고 벽에는 색바랜 벽지가 그리고 벽체가 여기저기 뜯겨져 나갔다. 전선을 연결하여 불을 밝히던 흰색 사기 애자가 천장에 시간을 연결하고 향수를 돋게 하며 노출되어 있다.

낡고 허물어지기도 해 골조가 드러난 방들에는 주제환의 민중미술작품들이 전시되어 있고 낡은 목재 문짝과 옛 전구의 스위치 그리고 노출된 전선 등이 작품의 진보적인 화풍과 하나가 되어 있다. 이거 뭐지, 퀘퀘한 냄새도 나는 것 같다.

2층 천장에 있는 '상량식 소화 17년'

안쪽에는 바닥에 사각으로 뚫린 구멍을 화장실로 사용하던 공간 그대로가 유지되고 있다. 2층 복도 안쪽 끝에 난 창을 통해 서촌의 한옥 전경이 정겹다. 목재계단을 통해 연결된 2층 갤러리 공간에는 벽을 철거해 방의 구조를 그대로 드러낸 목재골조만을 남겨 복도와 맞은편 방까지 공간을 개방한 구성의 공간이 있다. 2층 복도 끝에 난 창을 통해서는 경복궁 영추문의 미려함이 그대로 들어온다.

〈보안여관〉이 갤러리 공간으로 사용되는 단순한 프로그램이라면 민현식 원로 건축가 설계의 〈보안 1942〉의 프로그램은 카페, 책방, 전시장, 게스트하우스로 구성되어 1930년대 보안여관의 현대버전을 보여주고 있다.

한국의 전통사상에서 기인한 비움의 구축이라는 대표적 건축 이념으로 건축계에서 다양한 활동을 하고 있는 민현식 건축가는 〈보안 1942〉 건축물을 〈보안여관〉에 비해 3미터를 뒤로 앉히고 지하 2층부터 외부 썬큰sunken을 이용한 비움의 공간을 통해 자연의 요소를 지하까지 끌어들이는 공간 구성을 보여주고 있다. 4면의 적재적소에 창을 두어 서쪽의 서촌 마을 한옥의 정취와 동쪽의 경복궁 그리고 북쪽의 외부마당을 향한 개구부를 통해 북악산과 청와대까지를 전망하게 하여 현대적인 공간에서 우리의 전통을 느낄 수 있는 공간으로 구

한국 식문화공간 '일상다반사'

성하였다.

〈보안 1942〉 1층 '일상다반사'는 한국적인 차와 다과를 즐길 수 있는 최근 서촌의 핫플레이스로 떠오르고 있는 한국 식문화공간이다.

2층 'B BRIDGE'에는 〈보안여관〉 전시장과 구름다리가 연결되어 있고, 보안 책방 '한 권 서점'에는 식물과 정원, 도시와 삶, 건축 등의 그곳과 이곳, 음악과 미술, 그리고 영화와 디자인 관련 소리와 이미지, 일기와 독백, 대화와 비평 등의 인물과 시선을 카테고리로 한 책들이 전시 판매되고 있다.

'한 권 서점' 내부 전경

영추문이 한눈에 들어오는 〈보안 1942〉

'한 권 서점'에서 보이는 경복궁 담장

이곳에서는 수요일 저녁 7시 독서모임이 진행된다. 수요일
에는 원로 건축가 민현식 선생님, 일러스트레이터 이우만과
의 대화가 기획되어 진행되고 있었다.

'보안 스테이'의 발코니와 내부

3층과 4층에는 '보안 스테이'가 위치하고 스테이의 내부는 협업 작가들의 작품으로 이루어진 집기들로 구성되어 있다.

밤에는 주점으로 변신하는 책 읽는 공간

보안 스테이에서는 경복궁 경회루와 영추문 누각, 북악산과 청와대를 전망할 수 있다.

지하 1층 〈보안 1942〉는 〈보안여관〉 전시관으로 사용된다. 지하 2층 '보안 북스'에는 책과 화원이 묘한 분위기로 자리하고 있다. 이곳은 자유롭게 책 읽는 공간이면서 밤에는 주점으로 변신하는 공간인데 사전 정보 없이 들어간 방문객에게는 어리둥절한 곳이 될 수 있는 곳이다. 방문한다면 자유로움을 가져보기를 바란다.

지하 2층에 자연요소를 보여주는 '썬큰 가든'

정면의 경복궁은 법궁으로 불리는데, 법궁이란 궁궐 중 으뜸이 되는 곳으로 왕이 임하는 제1궁궐을 뜻한다. 법궁이 아닌 궁을 '이궁'이라고 하며, 법궁의 중심되는 전각을 '법전'이라 한다. 경복궁의 법전은 우리에게 익숙한 근정전으로 600여 년 전 조선왕조 1395년 태조 4년에 지어졌다. 당시 내노라하는 권문세가들이 살았다는 경복궁 동쪽 북촌에 비해 서촌은 의관이나 역관 등의 전문직 중인들이 살았다고 한다. 경복궁 동쪽에 위치했지만 북촌으로 불리게

경복궁 근정전

적산가옥 형태의 보안여관 뒷모습

된 것은 청계천을 기준으로 북쪽에 위치한 까닭이라고 한다. 서촌에는 세종대왕 생가 등이 있을 뿐 아니라 여전히 옛 골목길을 그대로 간직하고 있다.

경복궁 서쪽 영추문 앞 서촌 마을에 자신만의 장소의 기억을 고스란히 한 몸에 간직한 채 궁궐이 아닌 여관이라는 이름으로 버티고서 문화콘텐츠로 자리한 현대미술 갤러리 〈보안여관〉과 〈보안 1942〉를 살펴보았다. 근대 문화유산의 가치에 대한 복잡한 생각이 함께 한 공간이었다.

경복궁의 중세와 전근대, 보안여관의 식민지와 근대, 청와대의 민주화와 현대가 공존하고 있는 공간인 청와대 앞 분수광장에서 경복궁 쪽으로 걸어가는 길은 집회와 시위로 군데군데 소란스럽다. 청와대를 지나서 경복궁 담장이 보이기 시작하고 경복궁 서문 영추문이 저만치 보일 때쯤 그 바로 건너편에 적색벽돌 건물인 〈보안여관〉이 보인다.

목욕탕 표시가 그대로 그려진 빨간색 간판을 달고 관람객을 맞이하고 있는 갤러리 〈보안여관〉은 누군가에게는 과하게 보일 수 있겠으나, 또 누군가에게는 이곳에서 생성되는 숱한 이야기로 인해 삶의 자양분이 될 것이다.

예술과 디자인이 사람을 이해하고 인생을 보듬을 수 있는 매개체 역할을 온전히 해낼 때 많은 사람들은 유쾌한 예술적 자극을 기꺼이 받아들이고 소통하며 관계를 발전시킬 수 있을 것이다. 그리고 그 역할은 〈보안여관〉이 그 역할을 온전히 해낼 것이다.

옛 화장실 모습

목재 계단

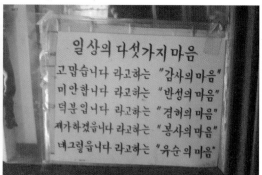

입구 1층 안내공간 옆 거울에 붙어 옛 향수를 느끼게 하는 오브제

방들의 골조만을 드러내고 있는 2층 복도 끝에 난 창
을 통해 보이는 경복궁의 미려한 담장과 수목

2층 복도 끝에 난 창에서 우측으로 보이는 위용을 자랑하고 있는
경복궁 영추문

비교적 개방감을 드러낸 2층 전시 공간

2층 복도 끝에 난 창에서 보이는 서촌의 모습과 2층 실내 모습

미술관 **건축여행**

|서울과 제주, 각 지역으로 떠나는 다양한 미술관 공간 산책|

초판 1쇄 인쇄 2019년 6월 20일
초판 1쇄 발행 2019년 6월 25일
초판 2쇄 발행 2022년 9월 28일

지은이 이정미
펴낸이 김호석
펴낸곳 도서출판 대가
편집부 주옥경·곽유찬
마케팅 오중환
관 리 김경혜

주 소 경기도 고양시 일산동구 무궁화로 32-21 로데오메탈릭타워 405호
전 화 02) 305-0210
팩 스 031) 905-0221
전자우편 dga1023@hanmail.net
홈페이지 www.bookdaega.com

ISBN 978-89-6285-226-4 (03610)